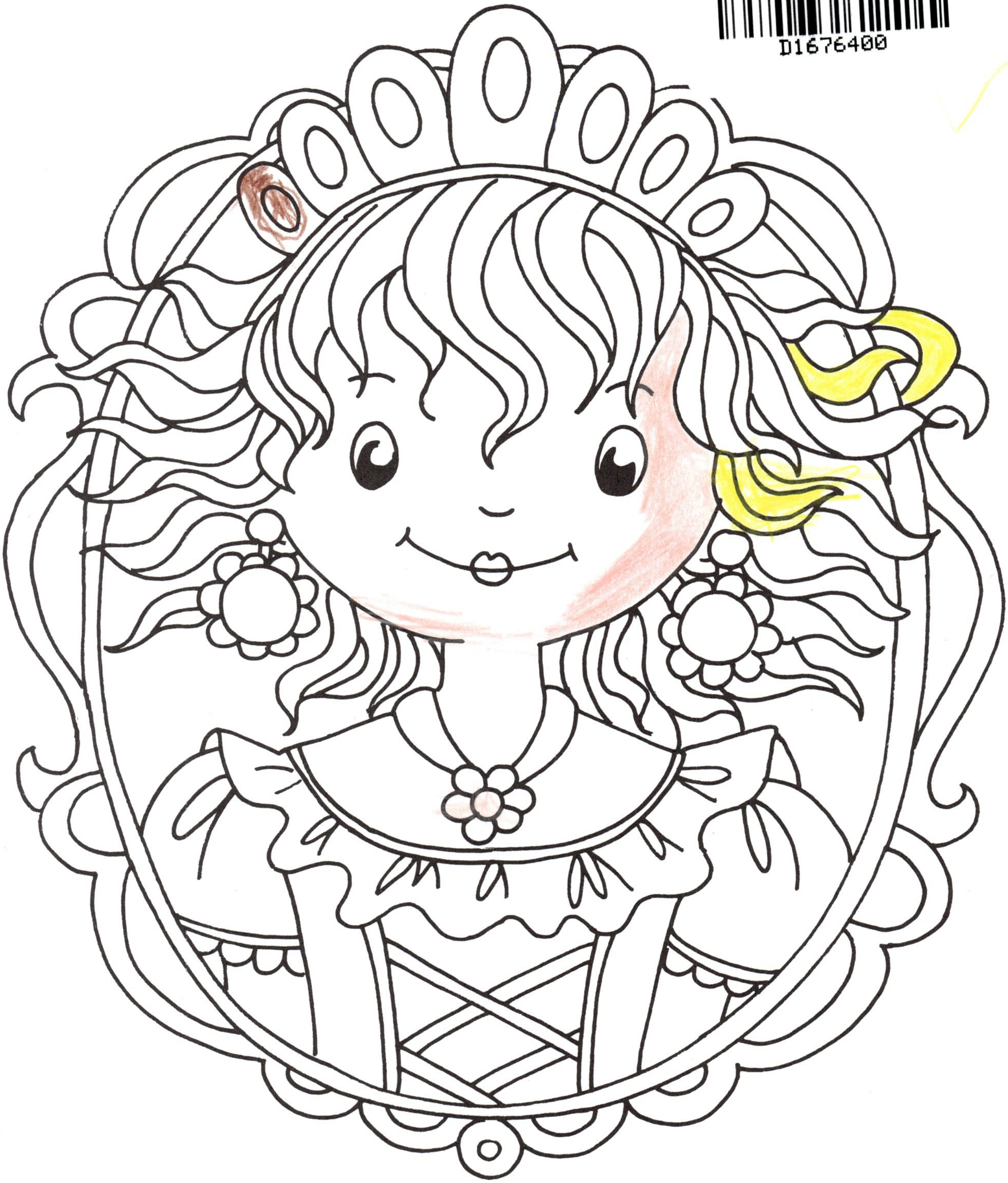

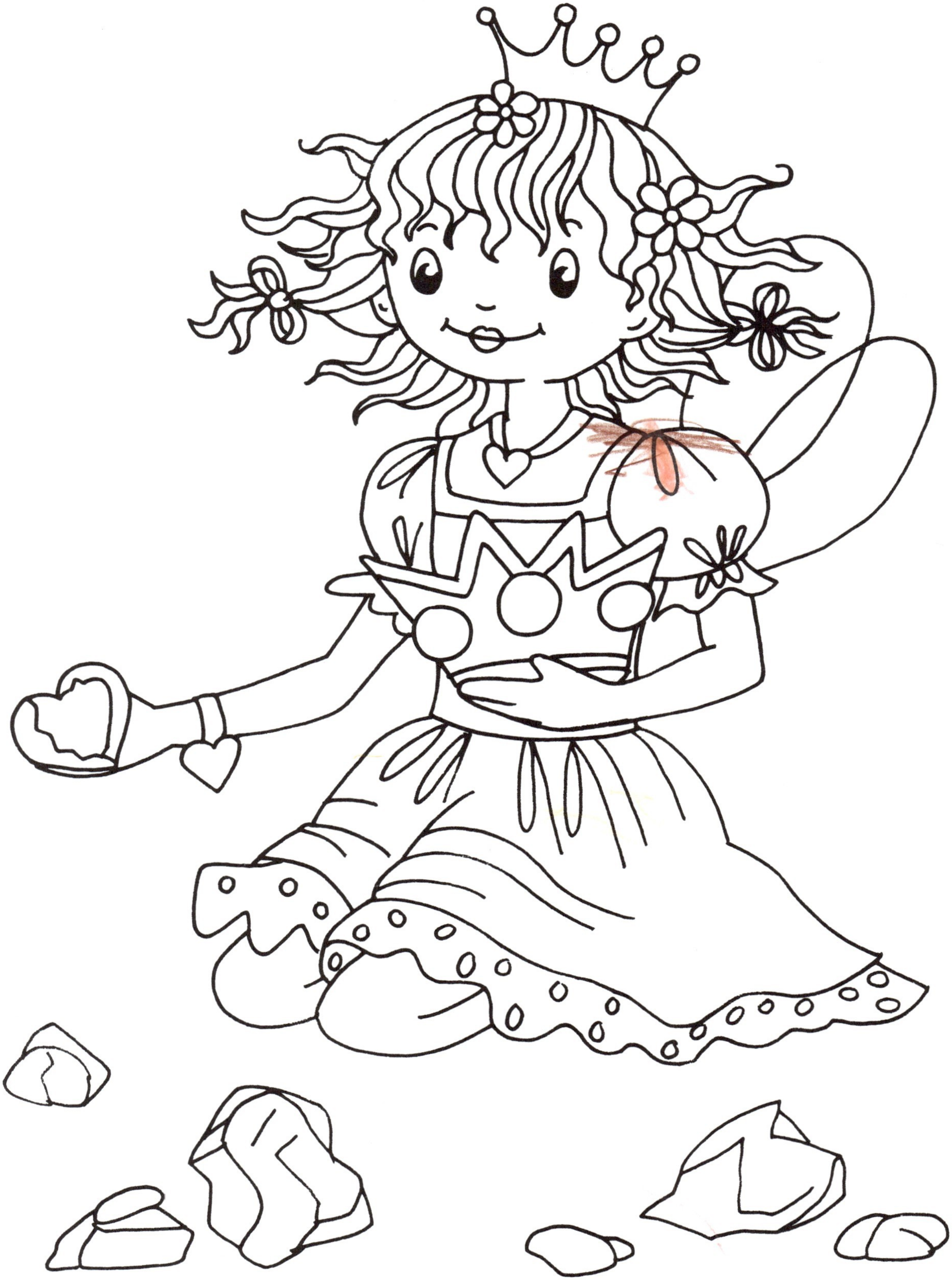

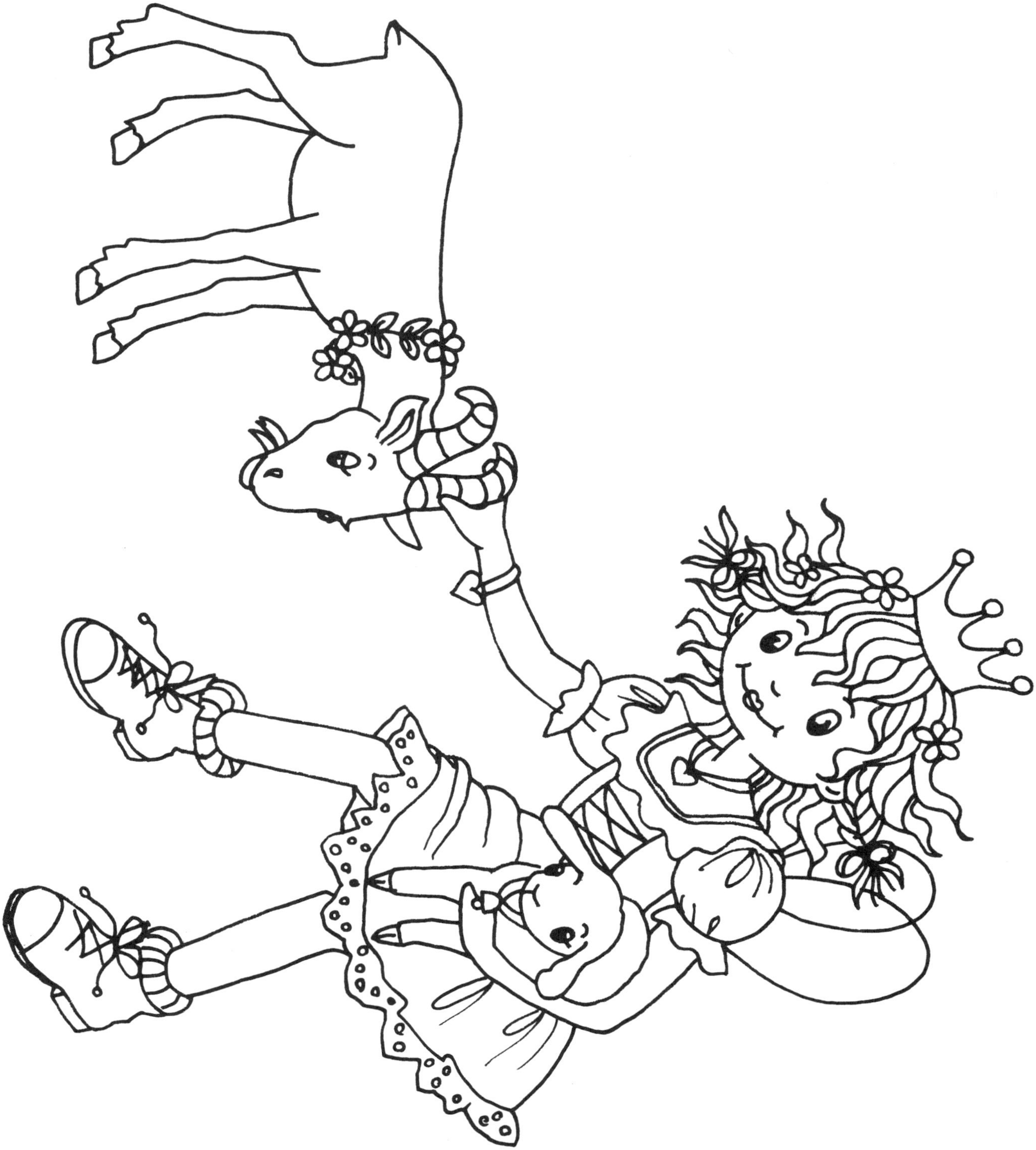

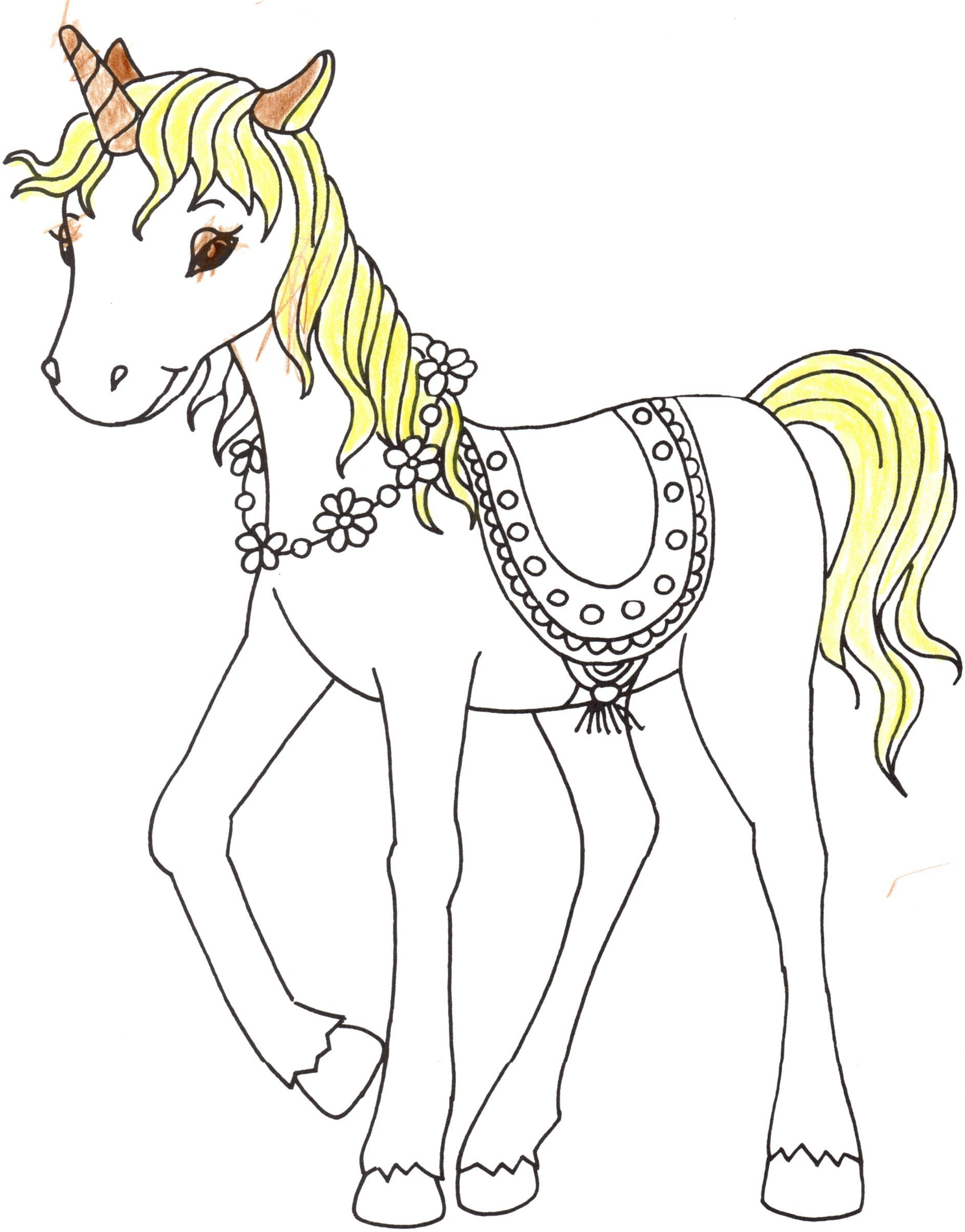

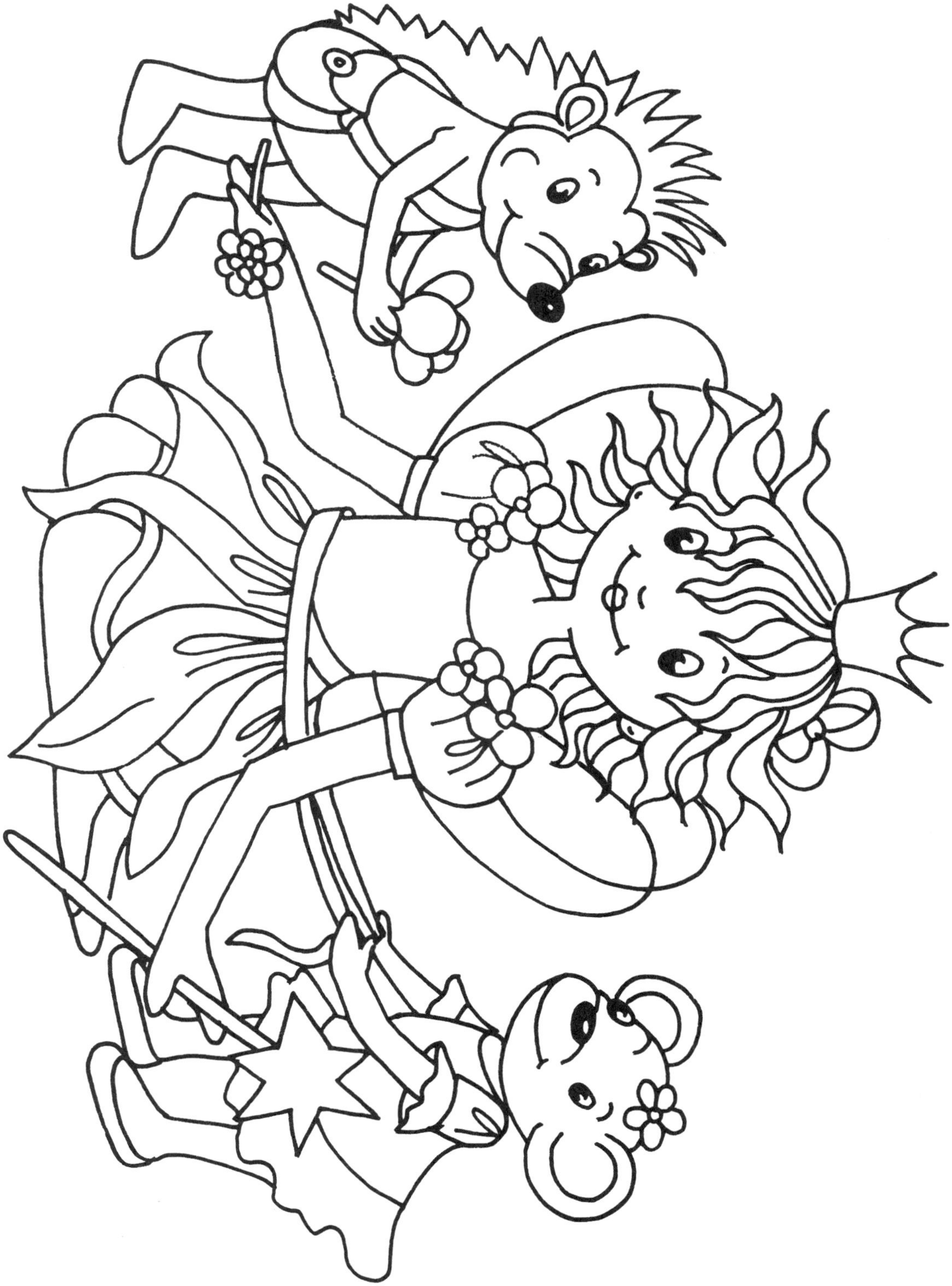

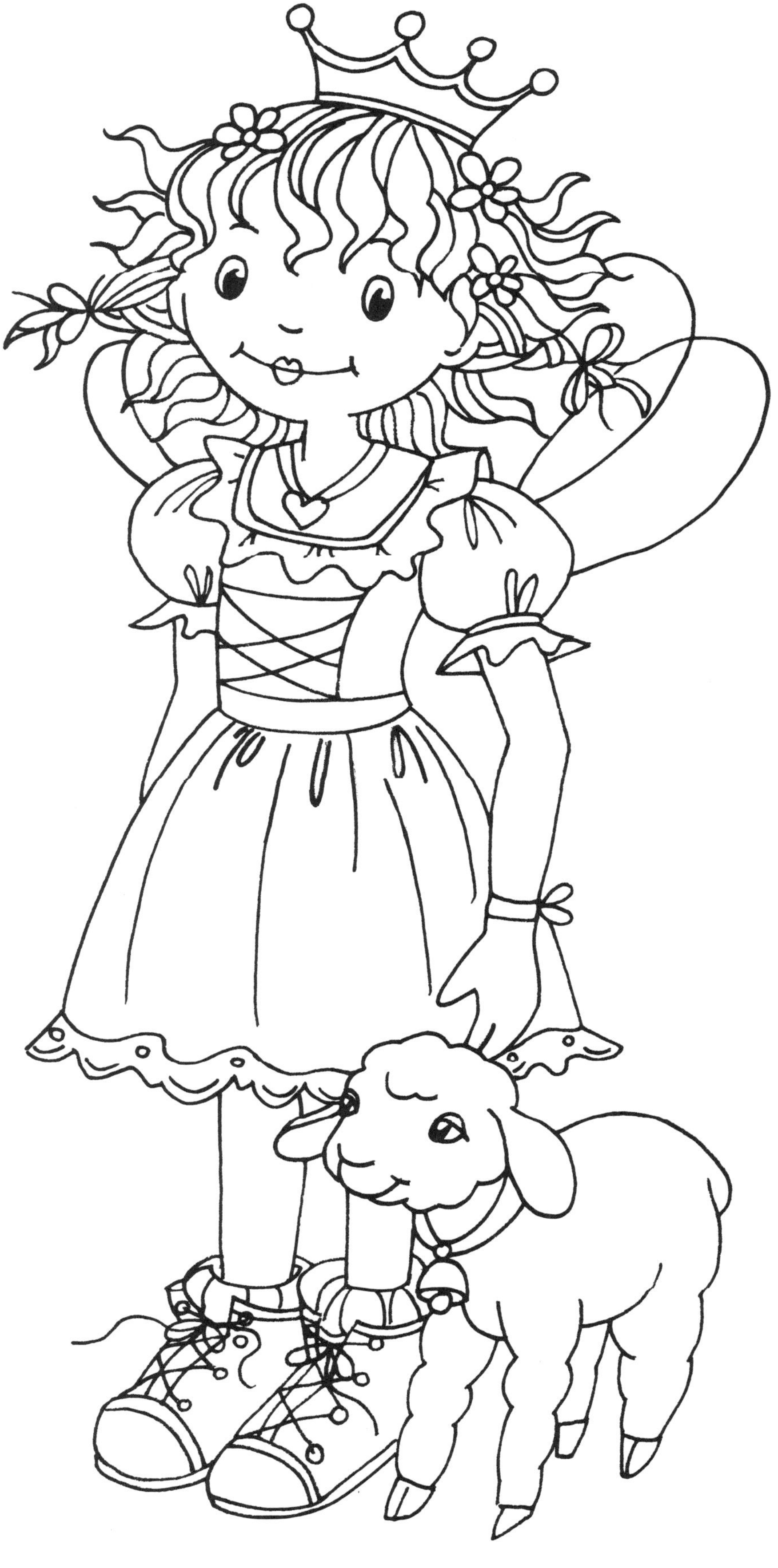

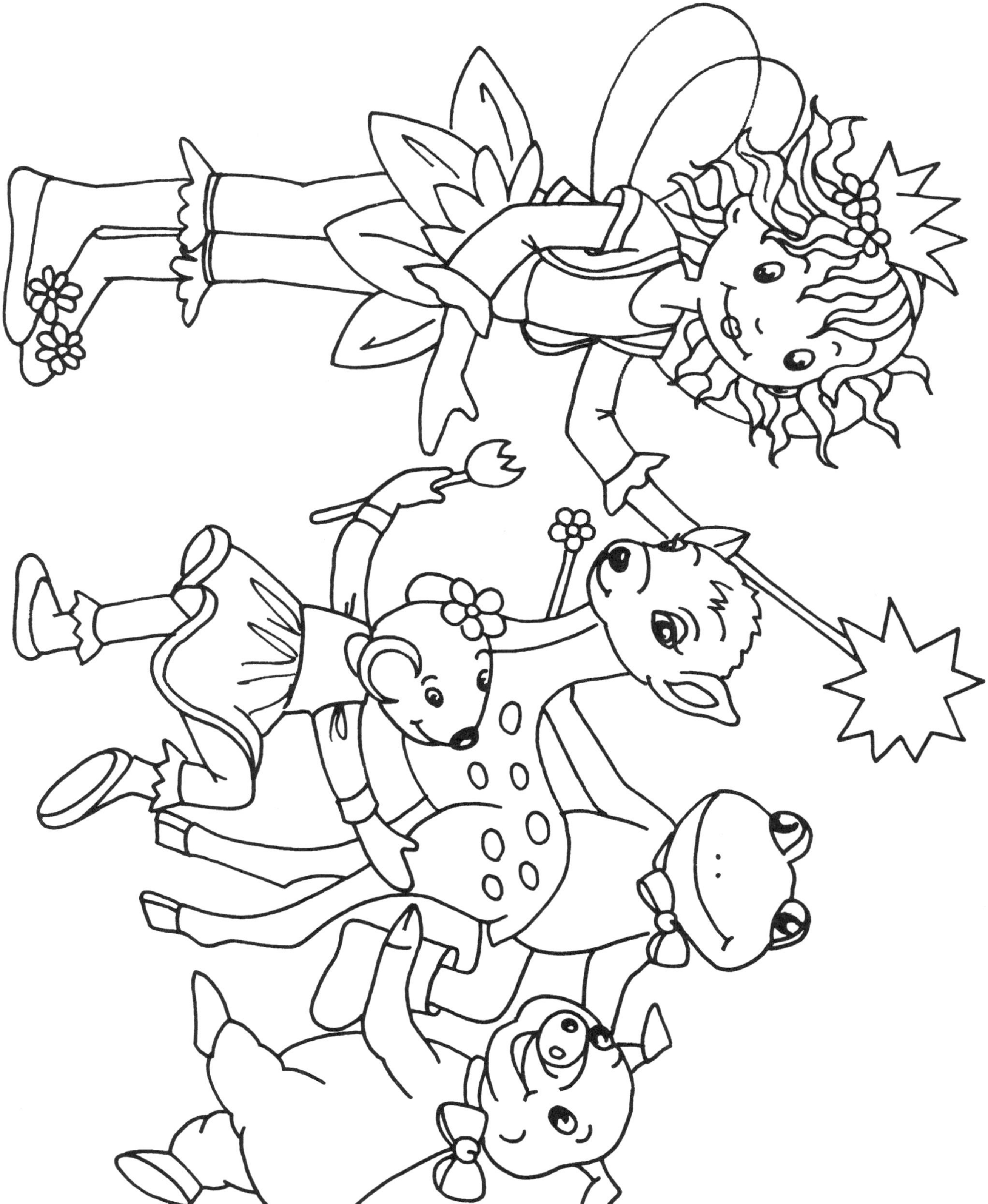

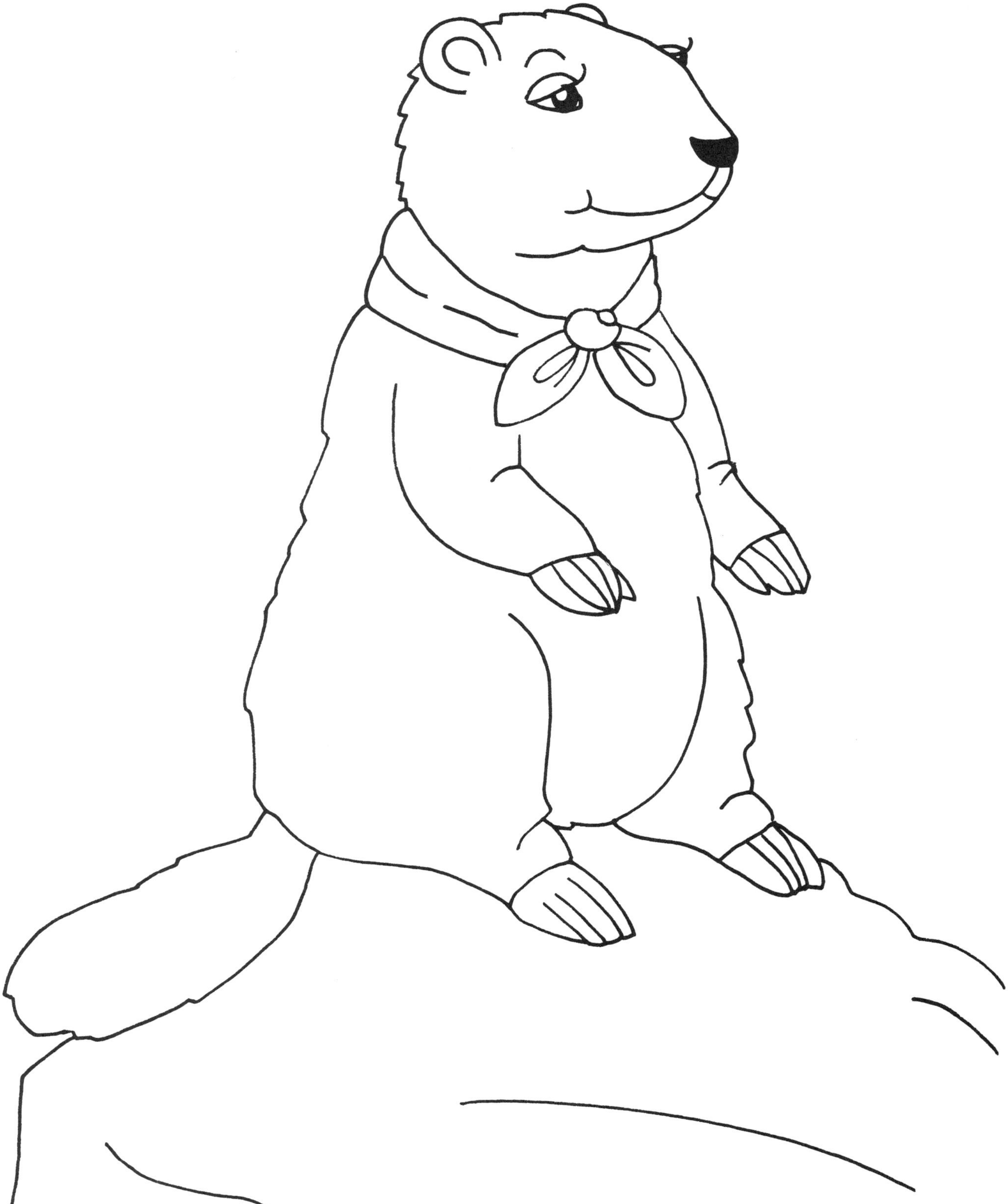

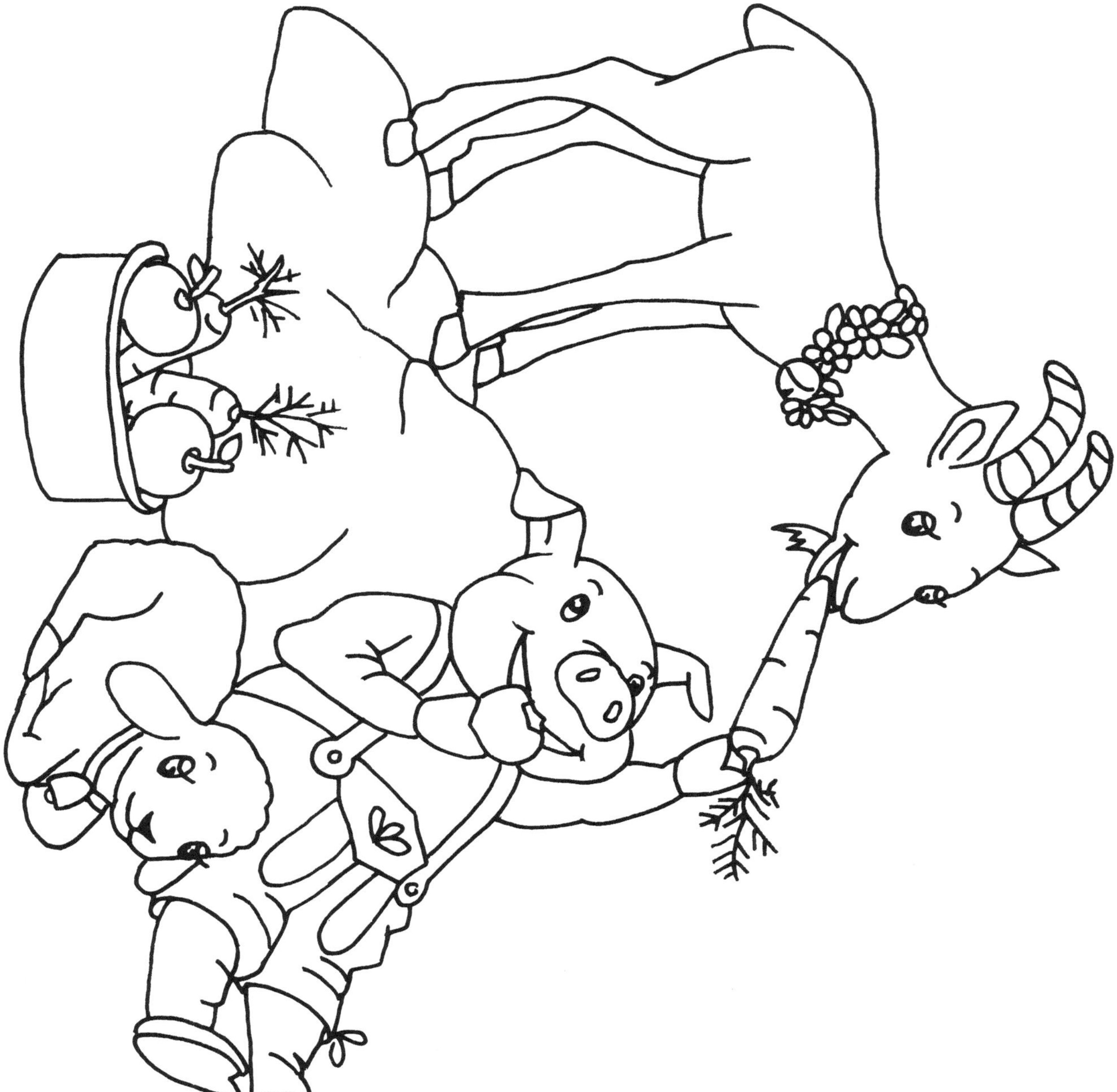

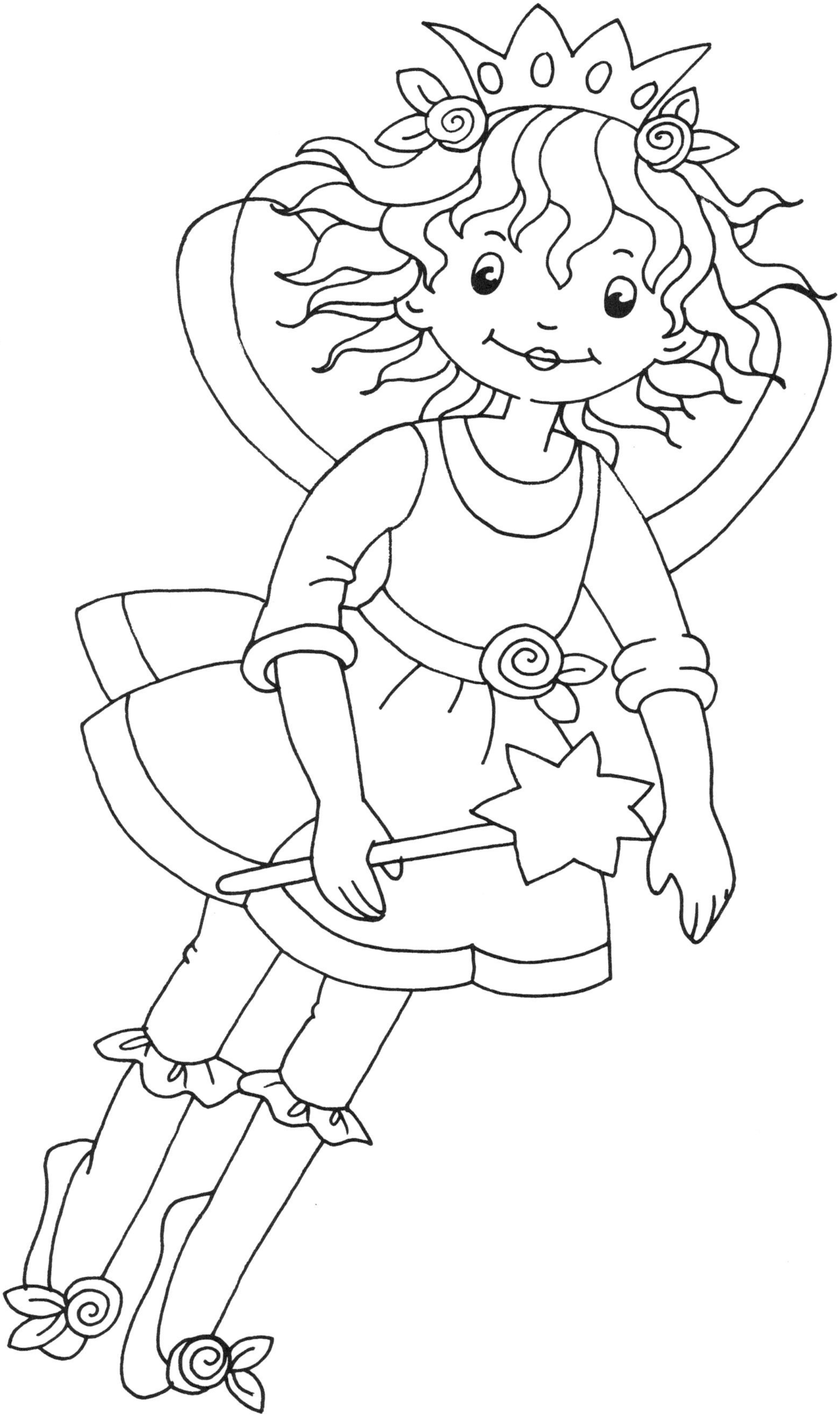

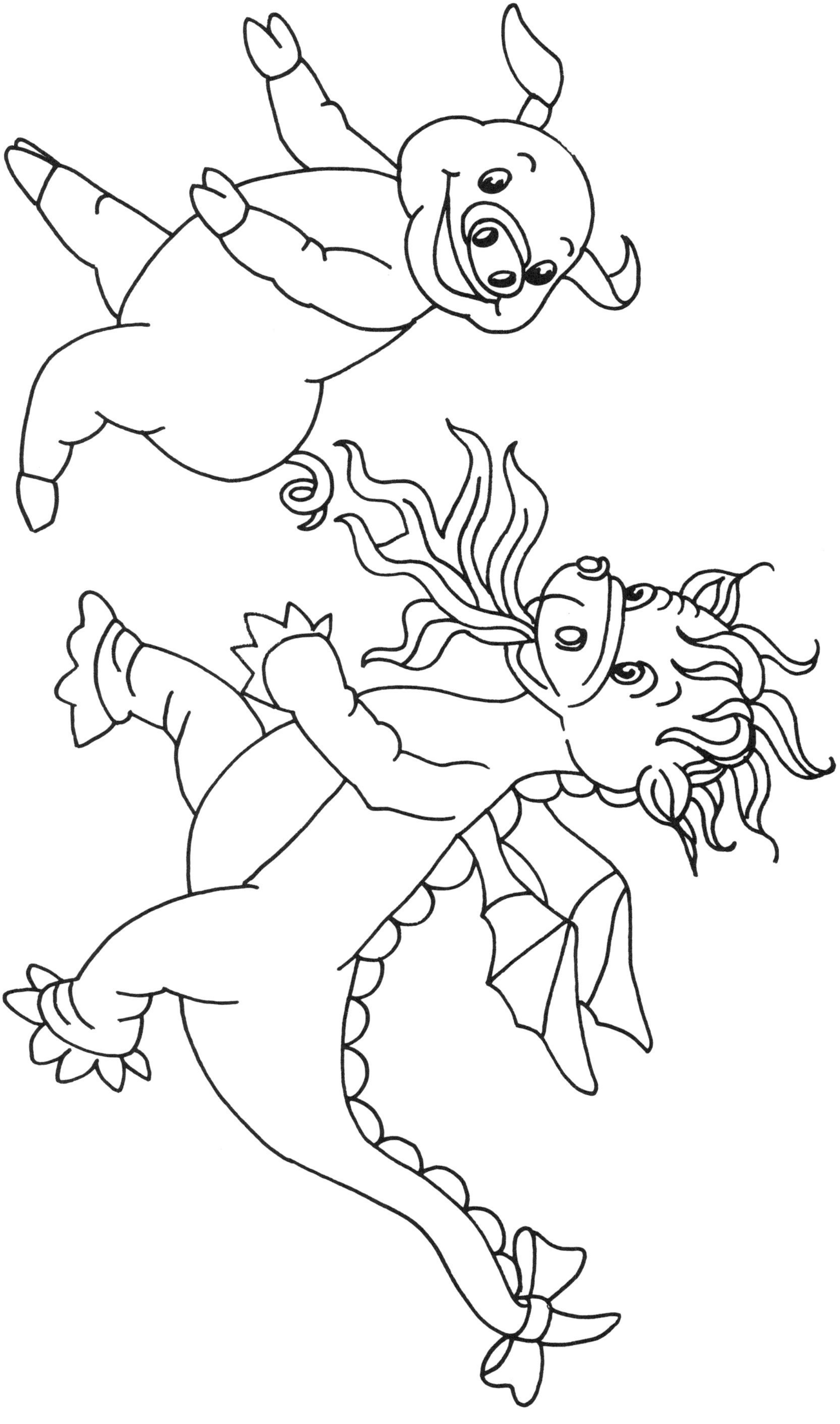

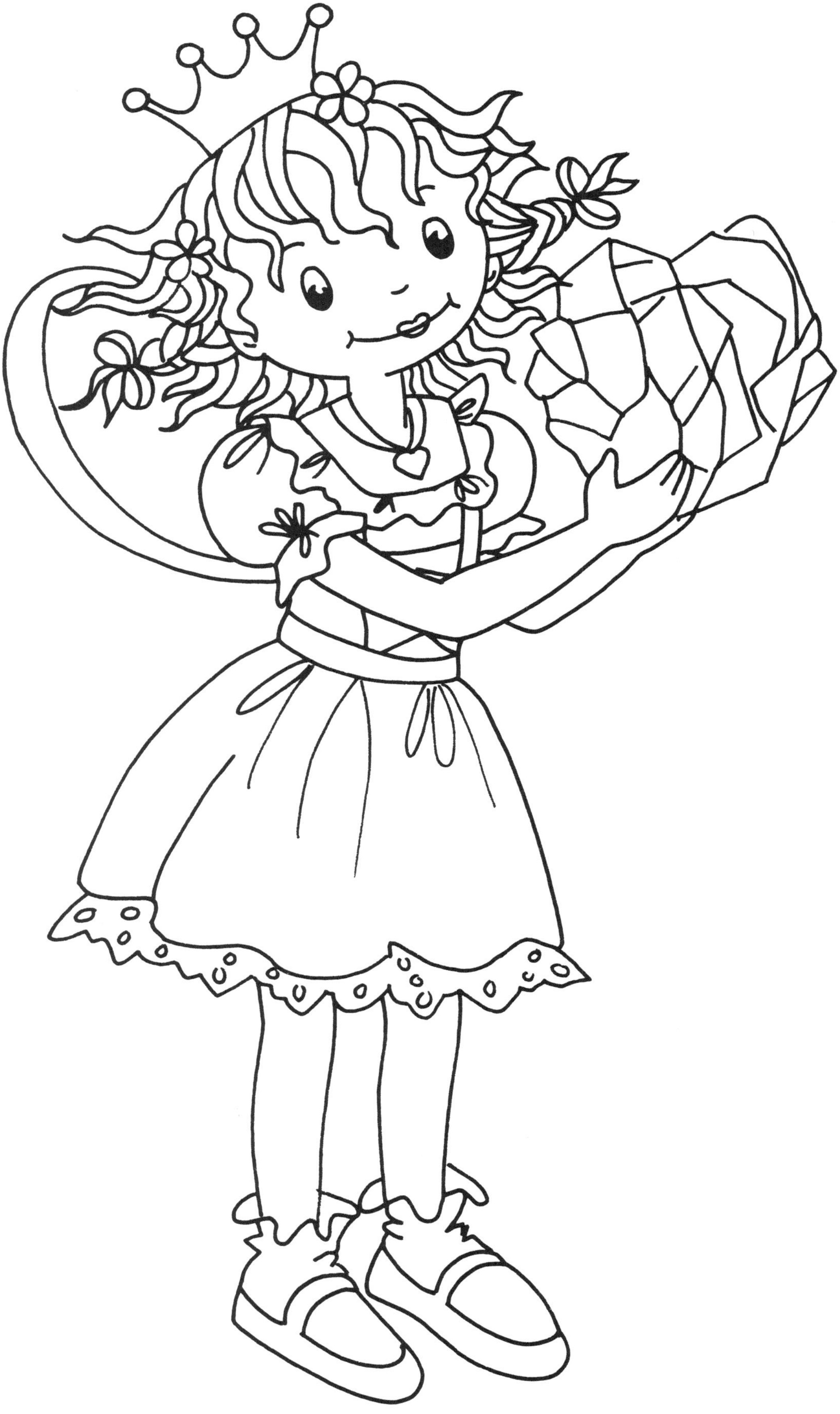

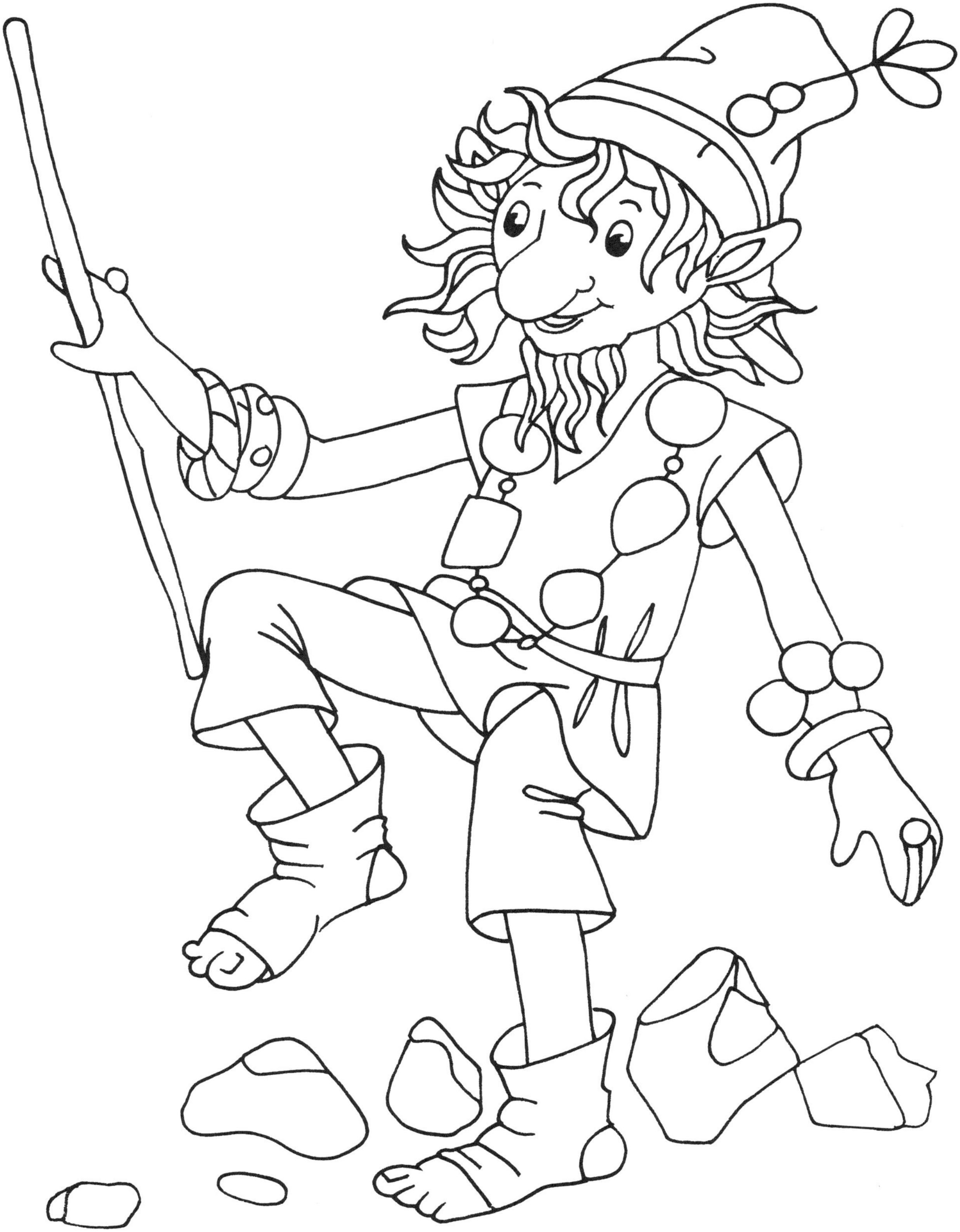

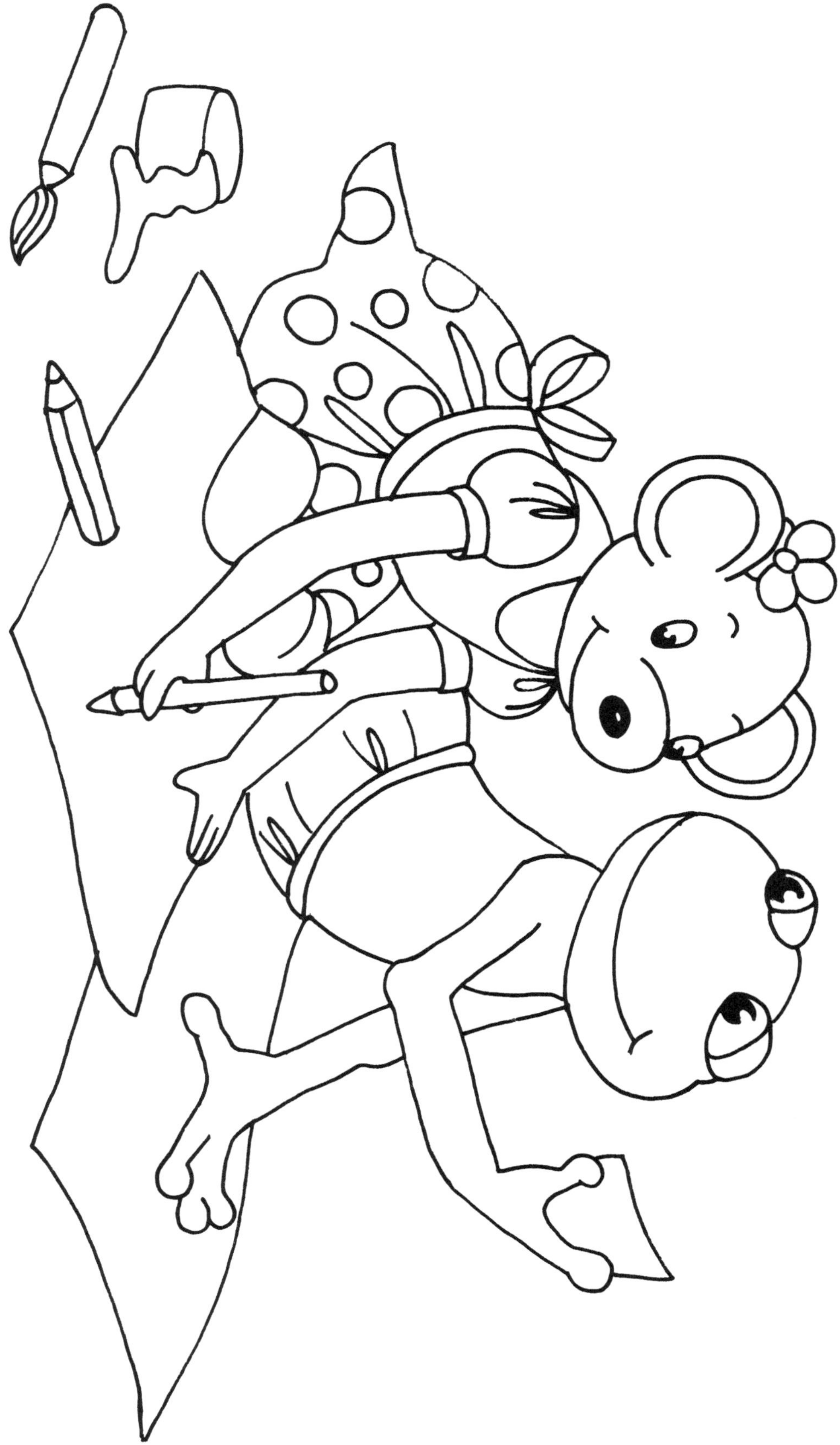

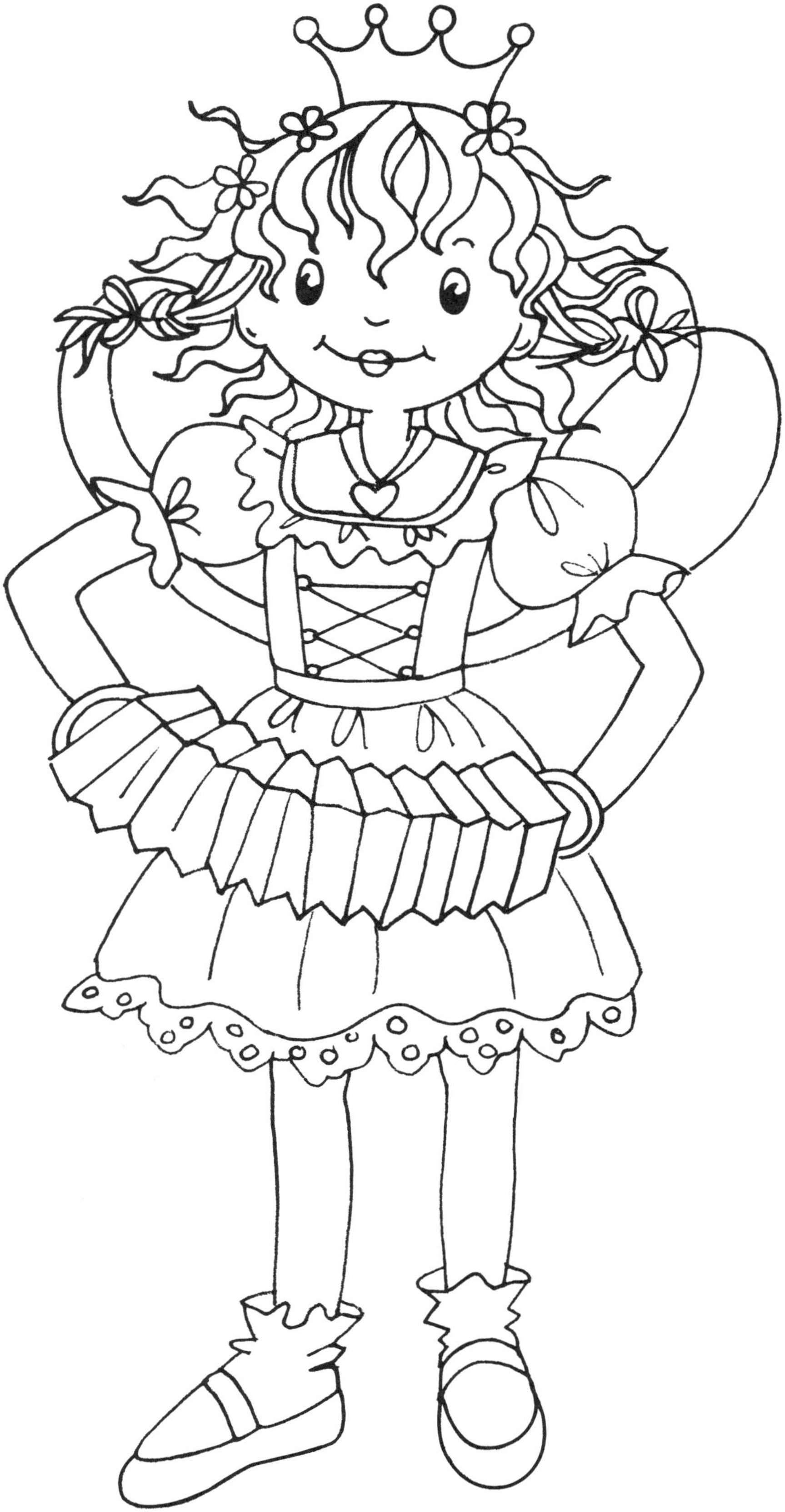

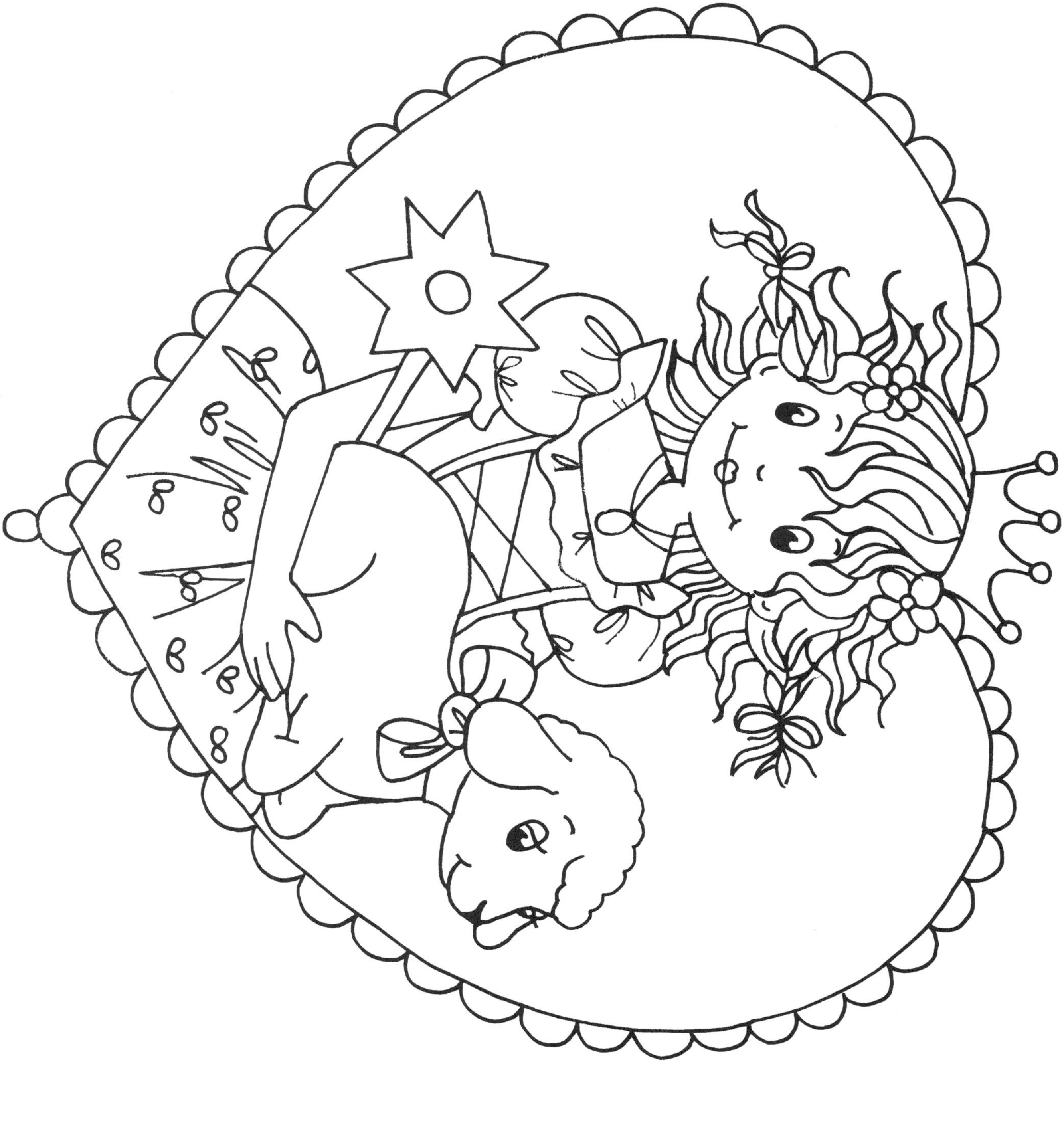

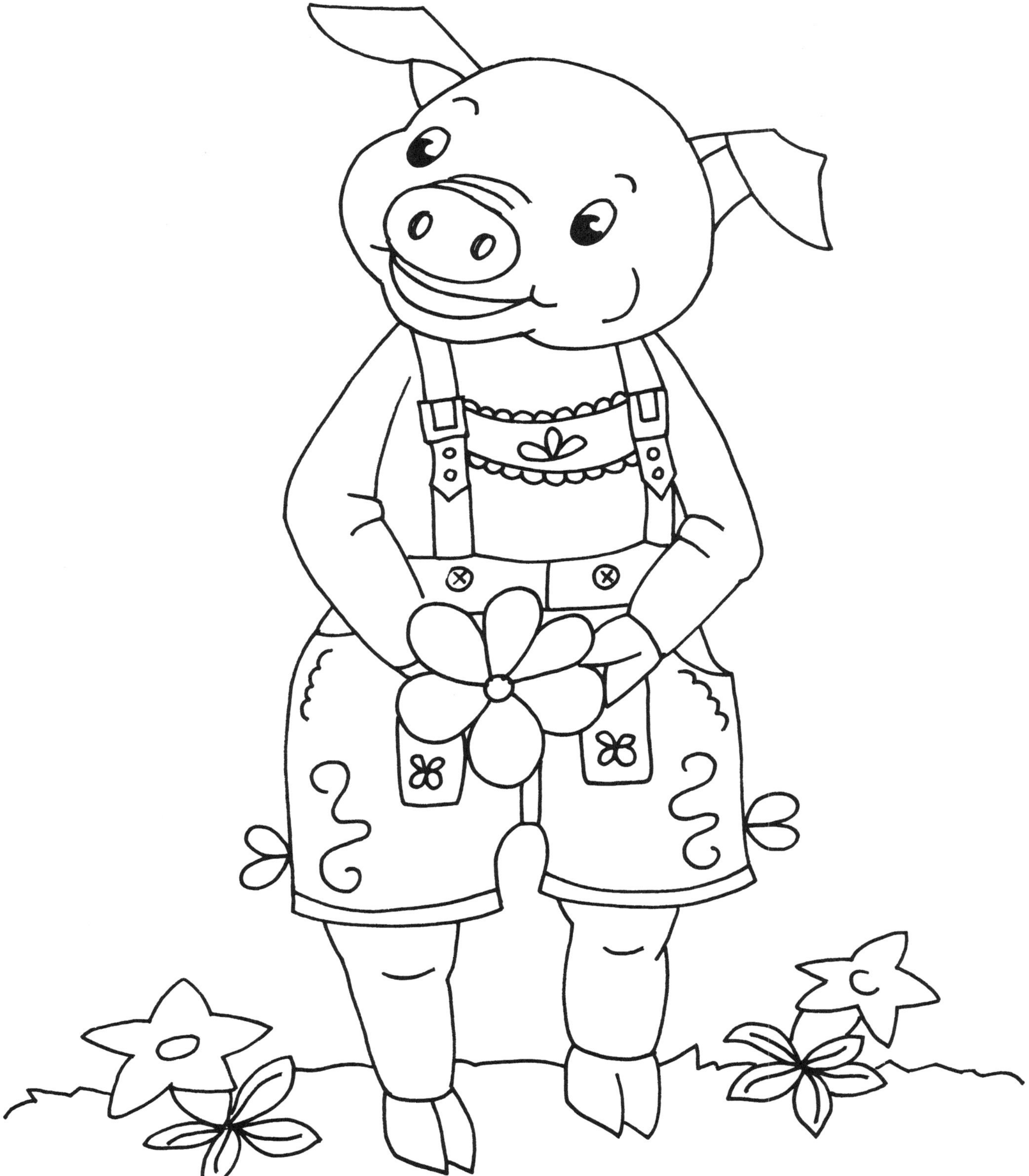

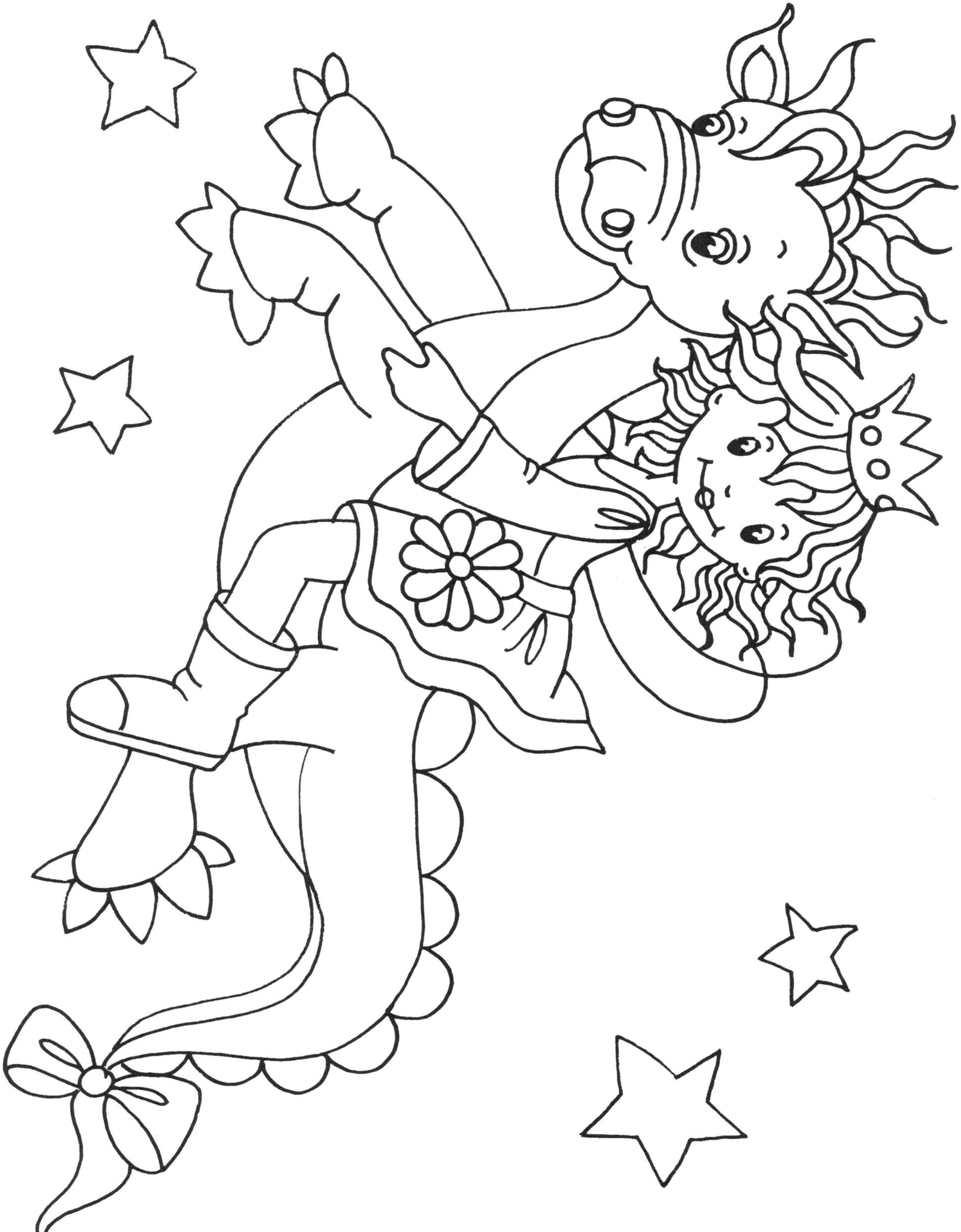

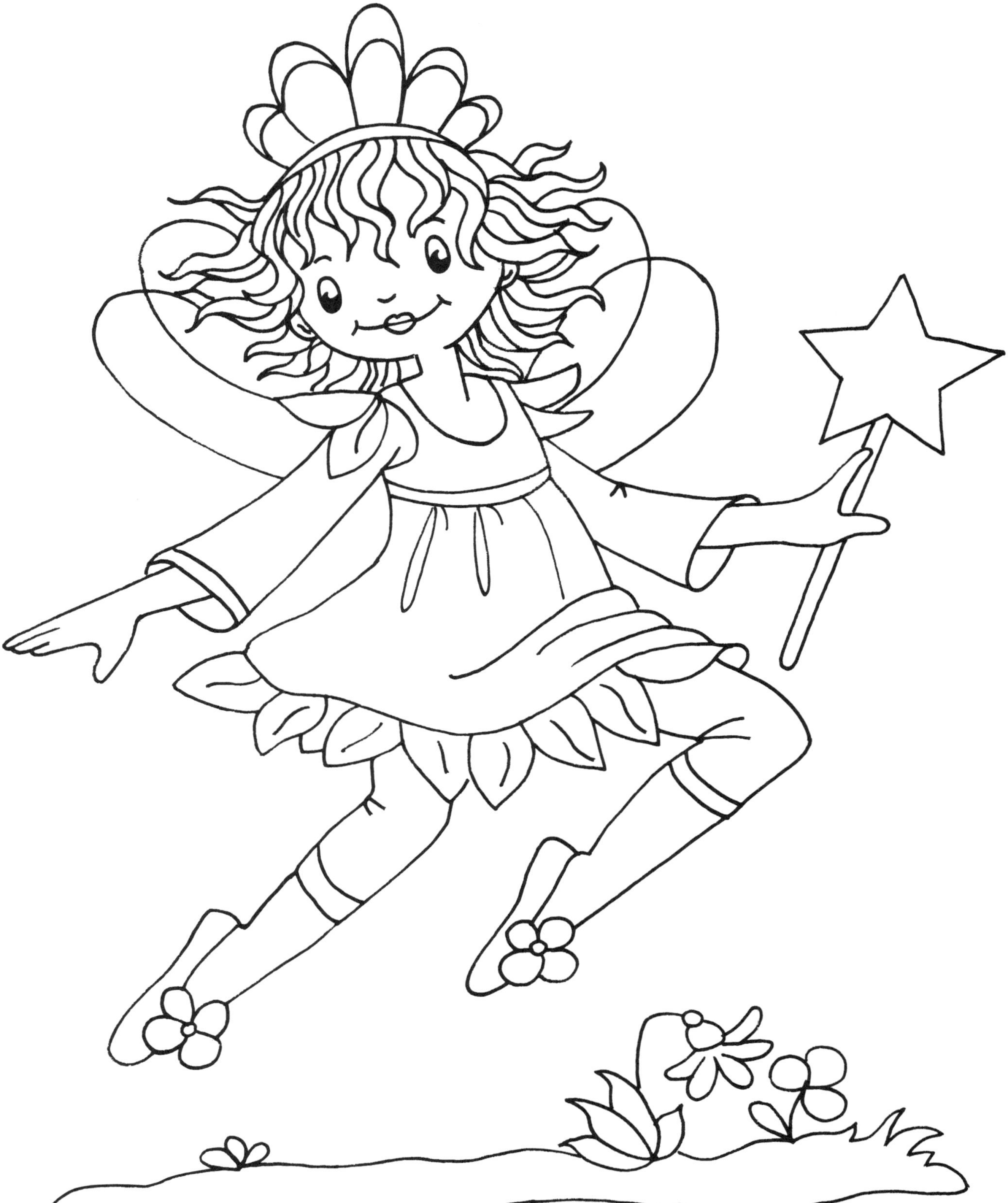

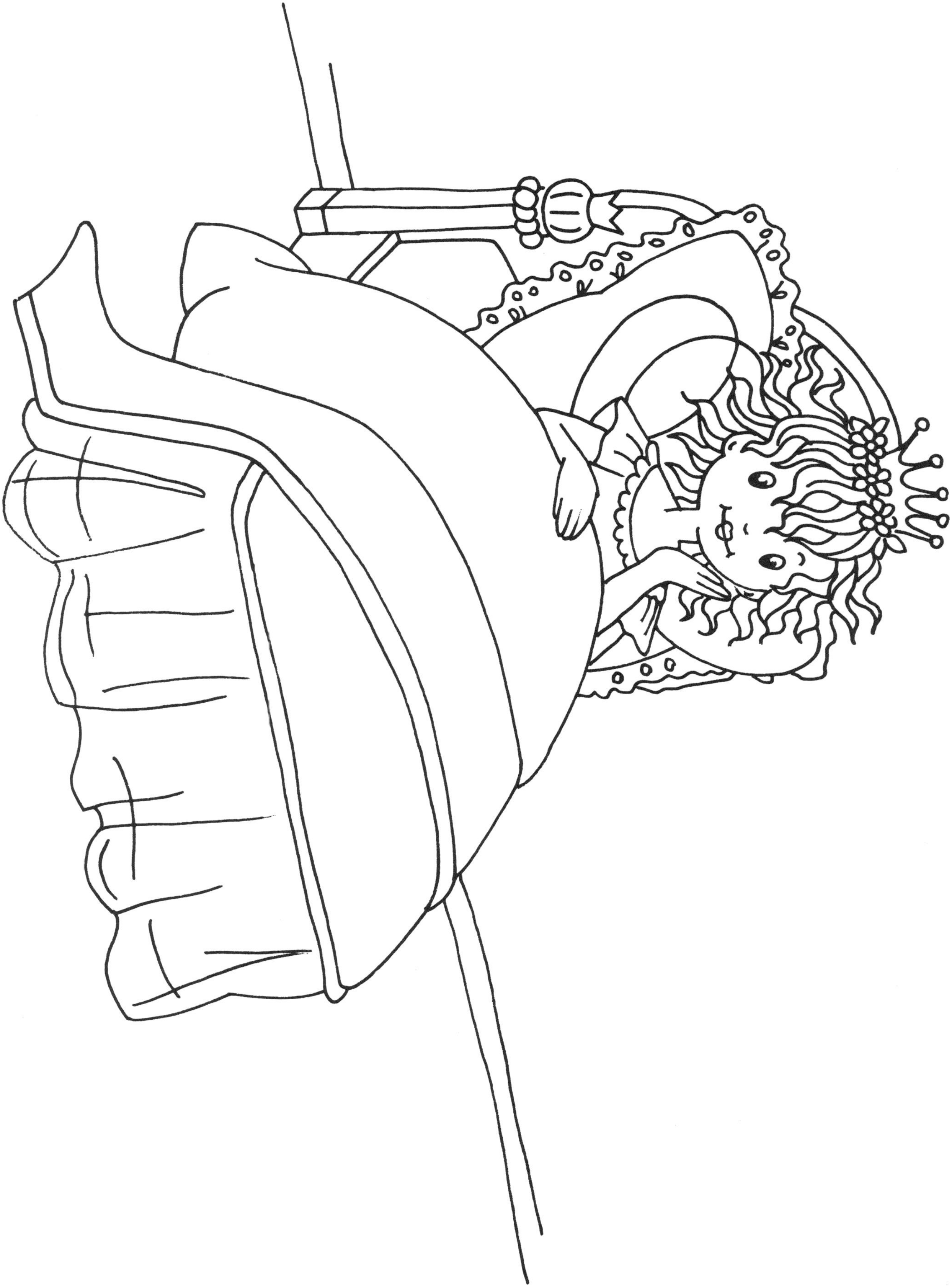

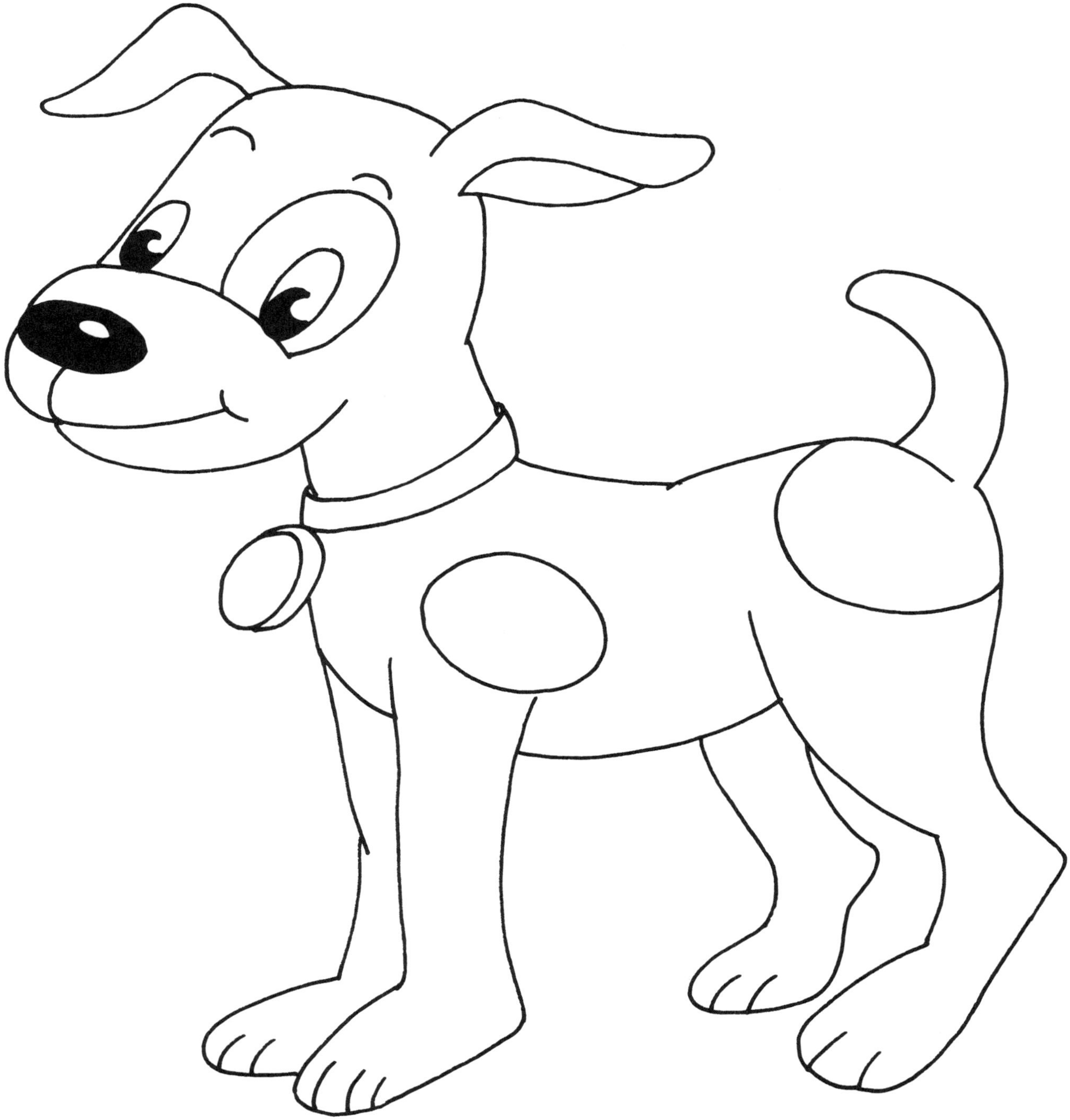

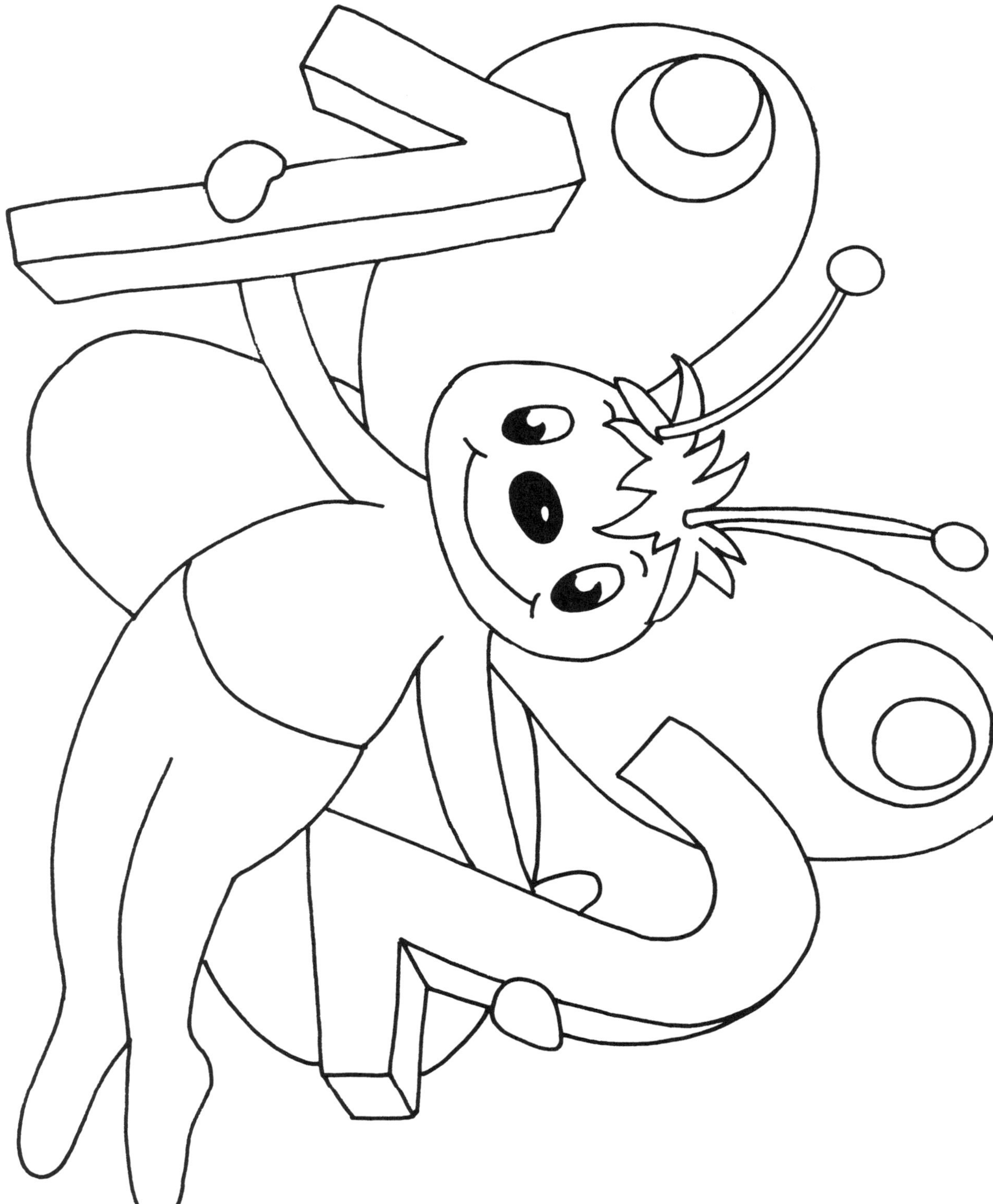

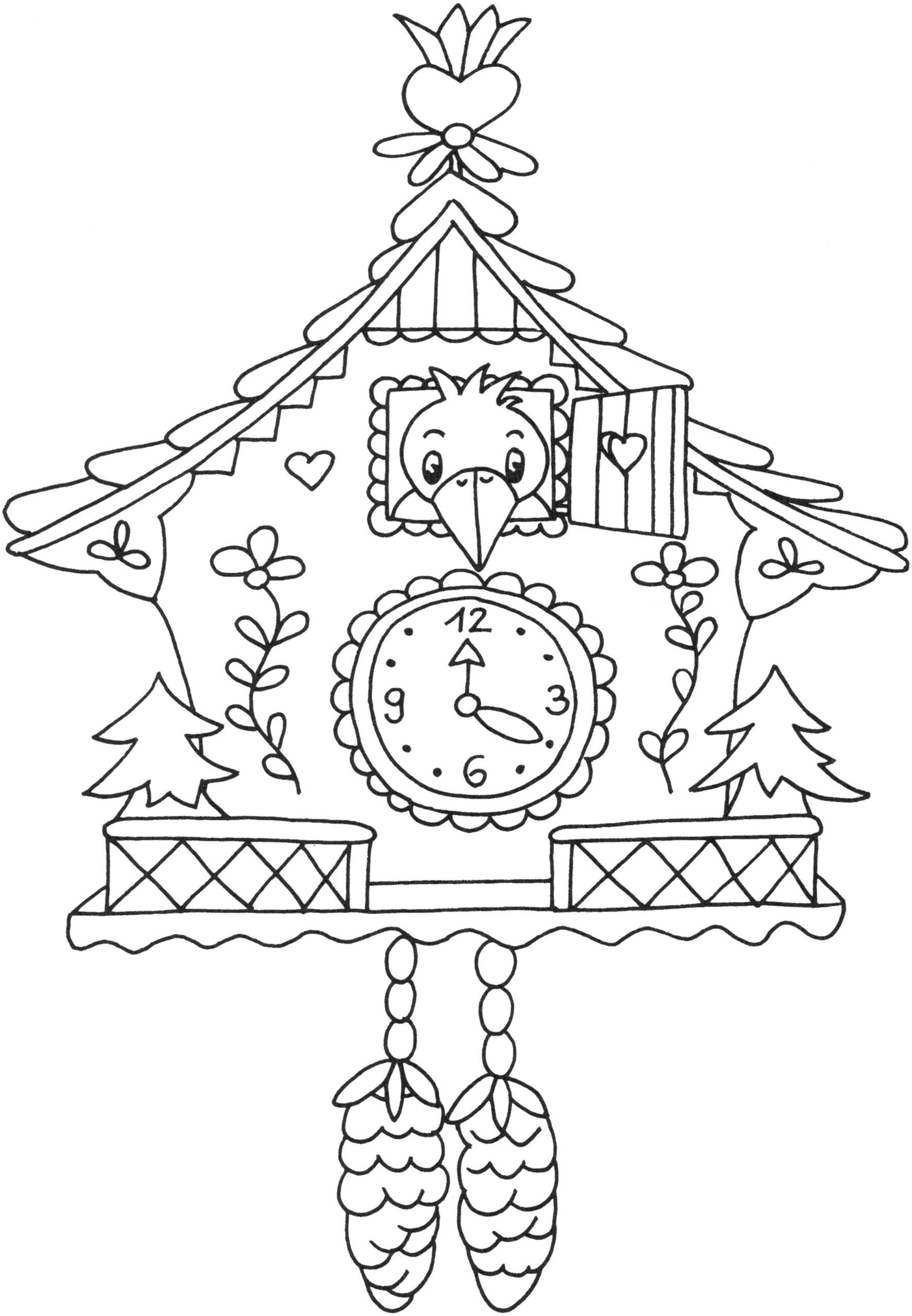
12
9
3
6

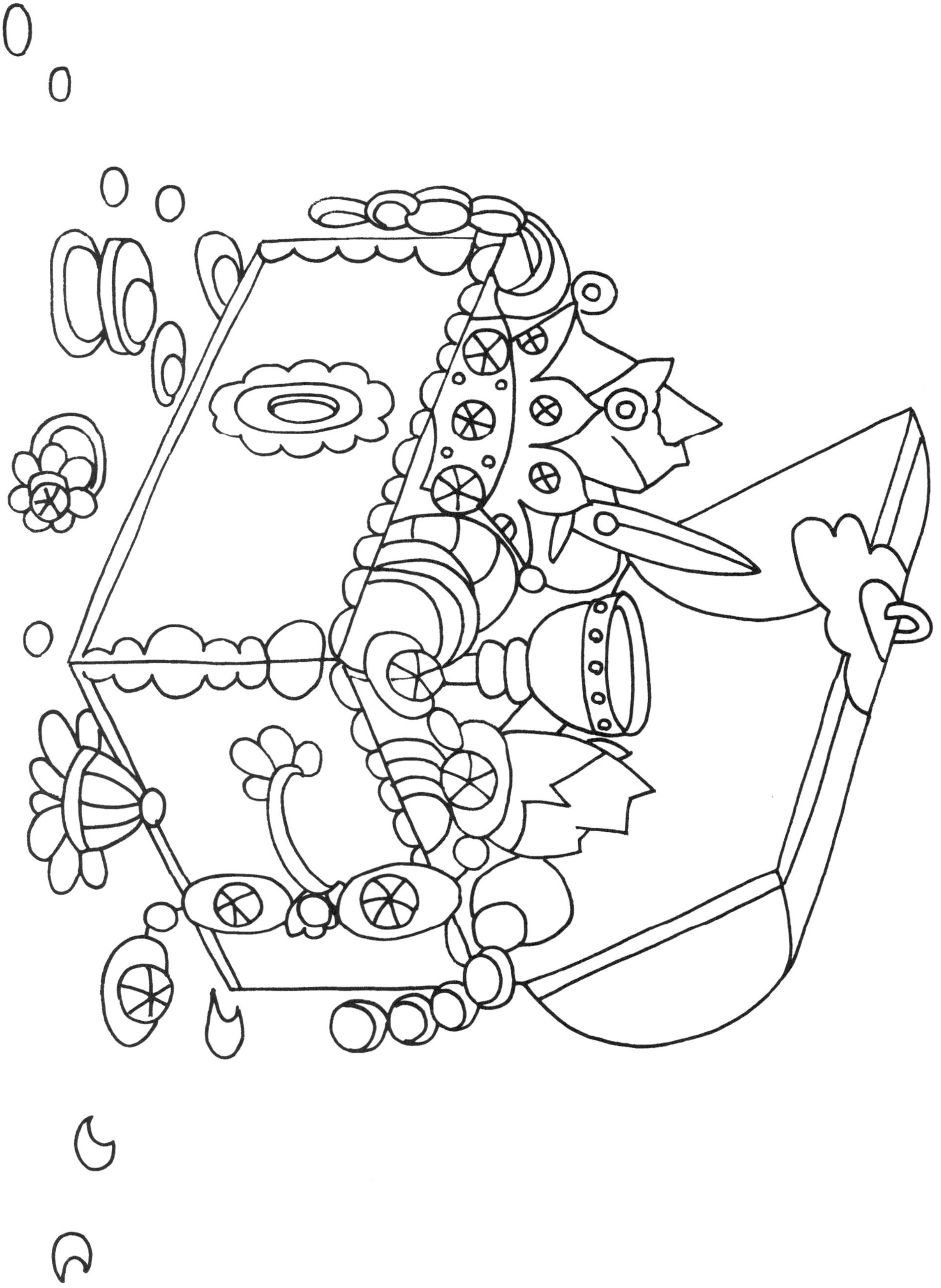

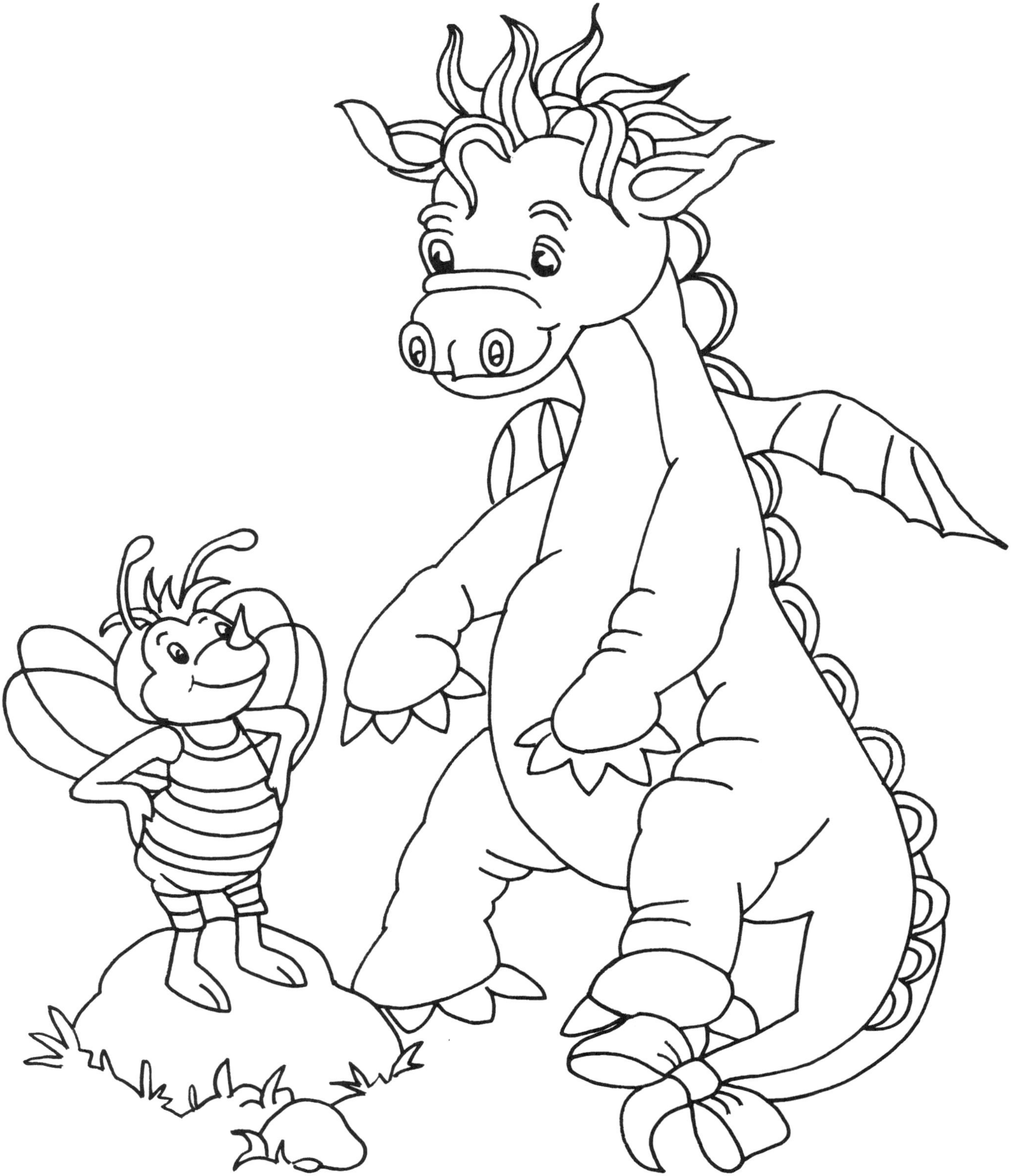

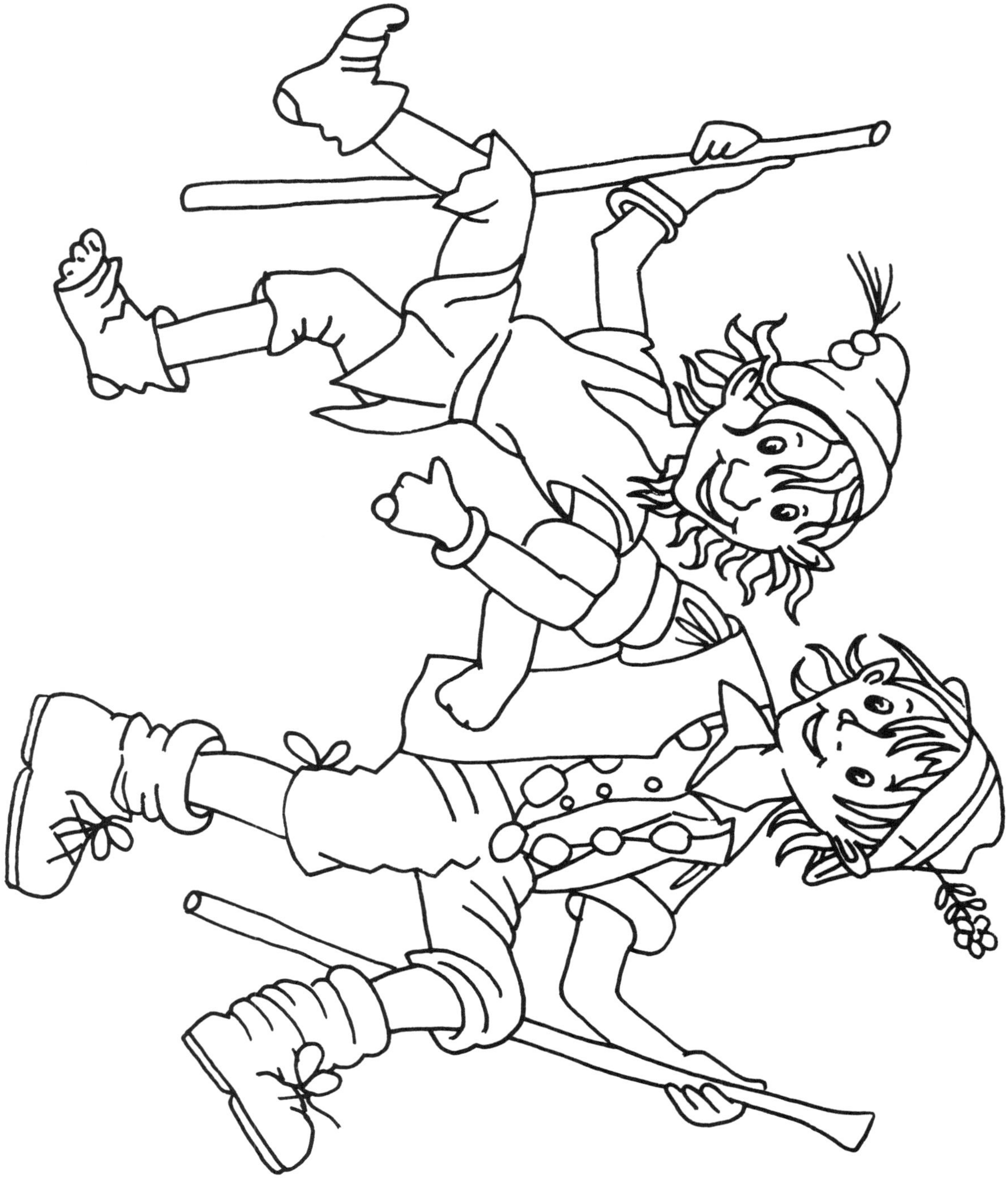

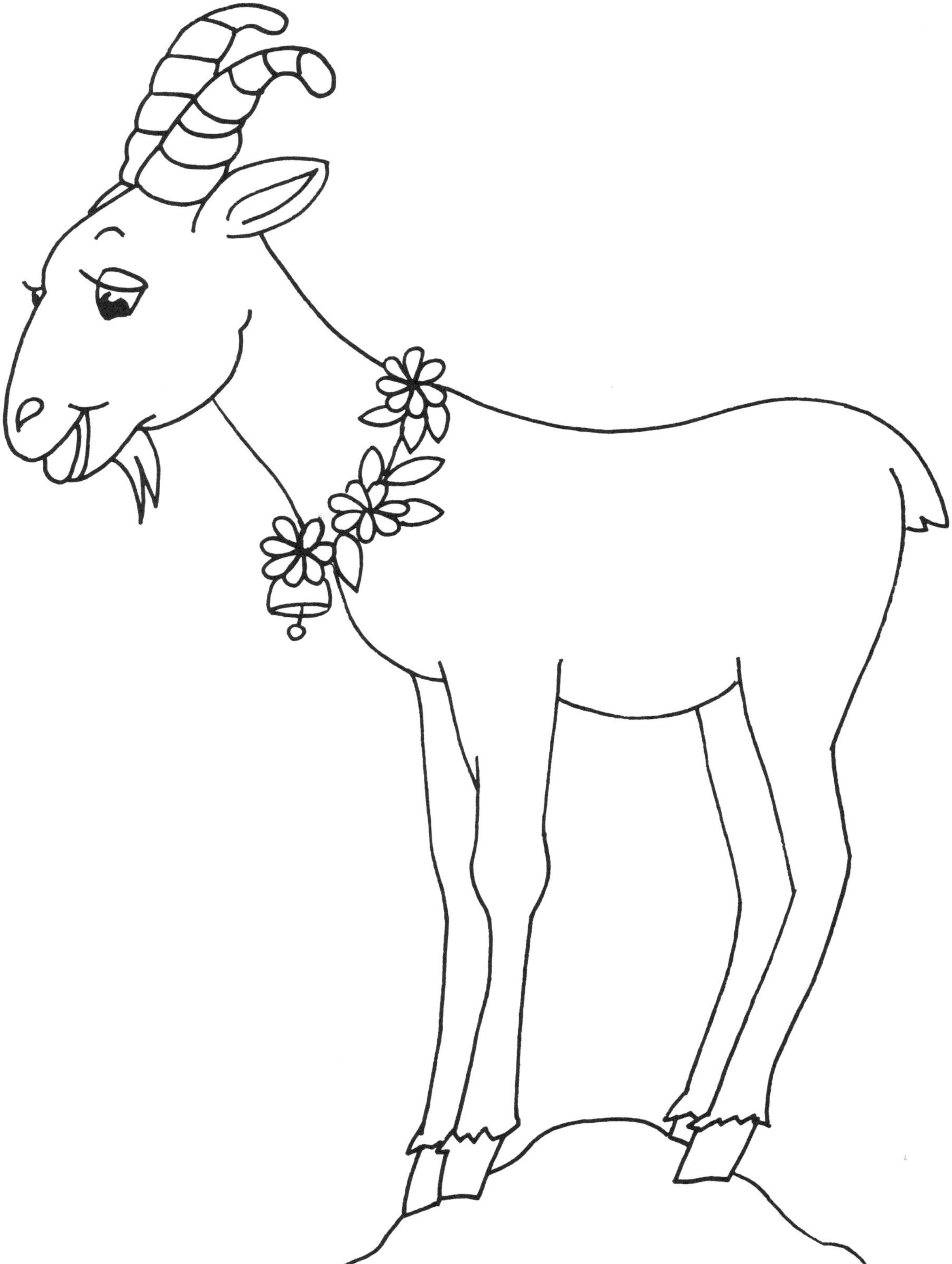

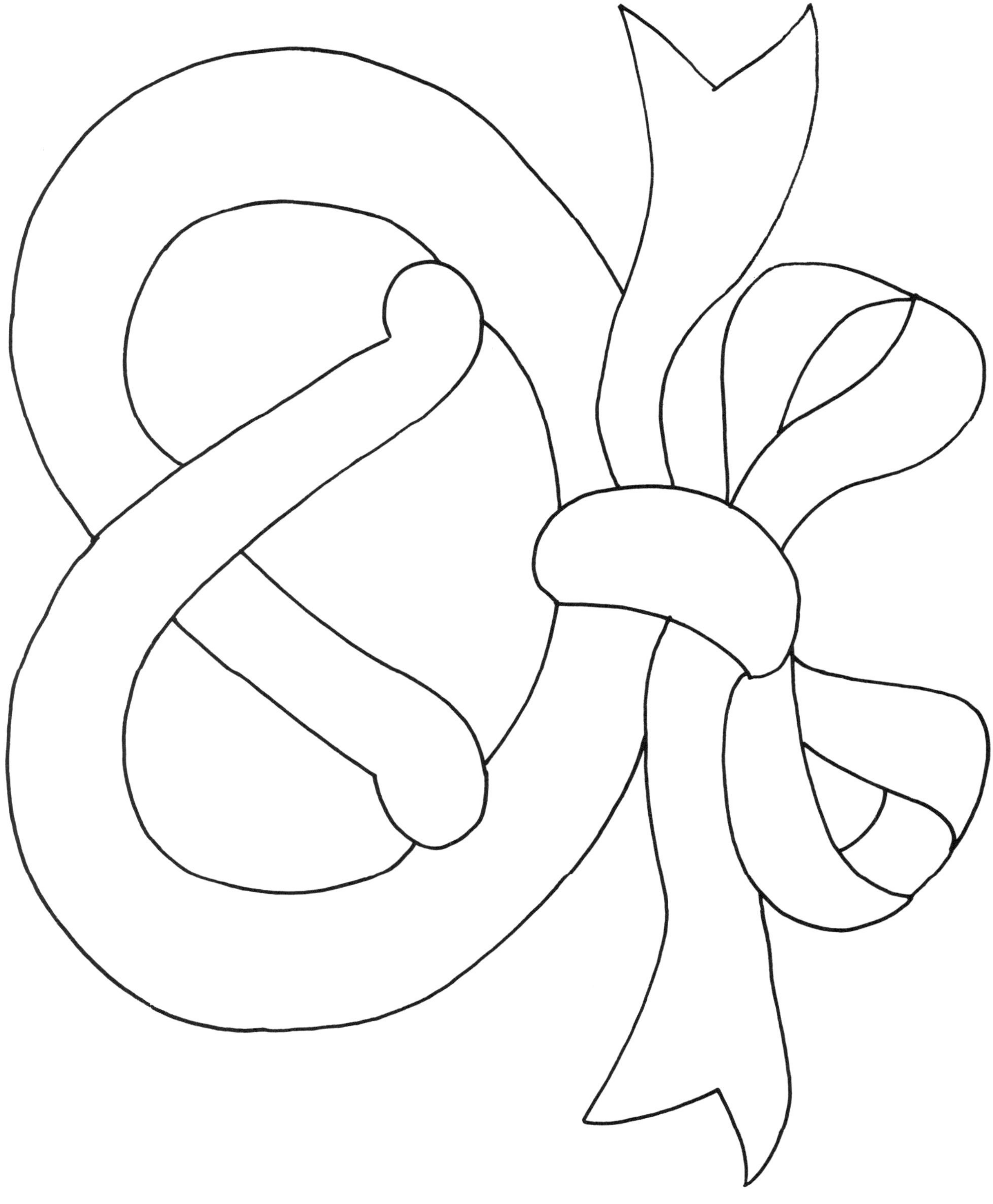

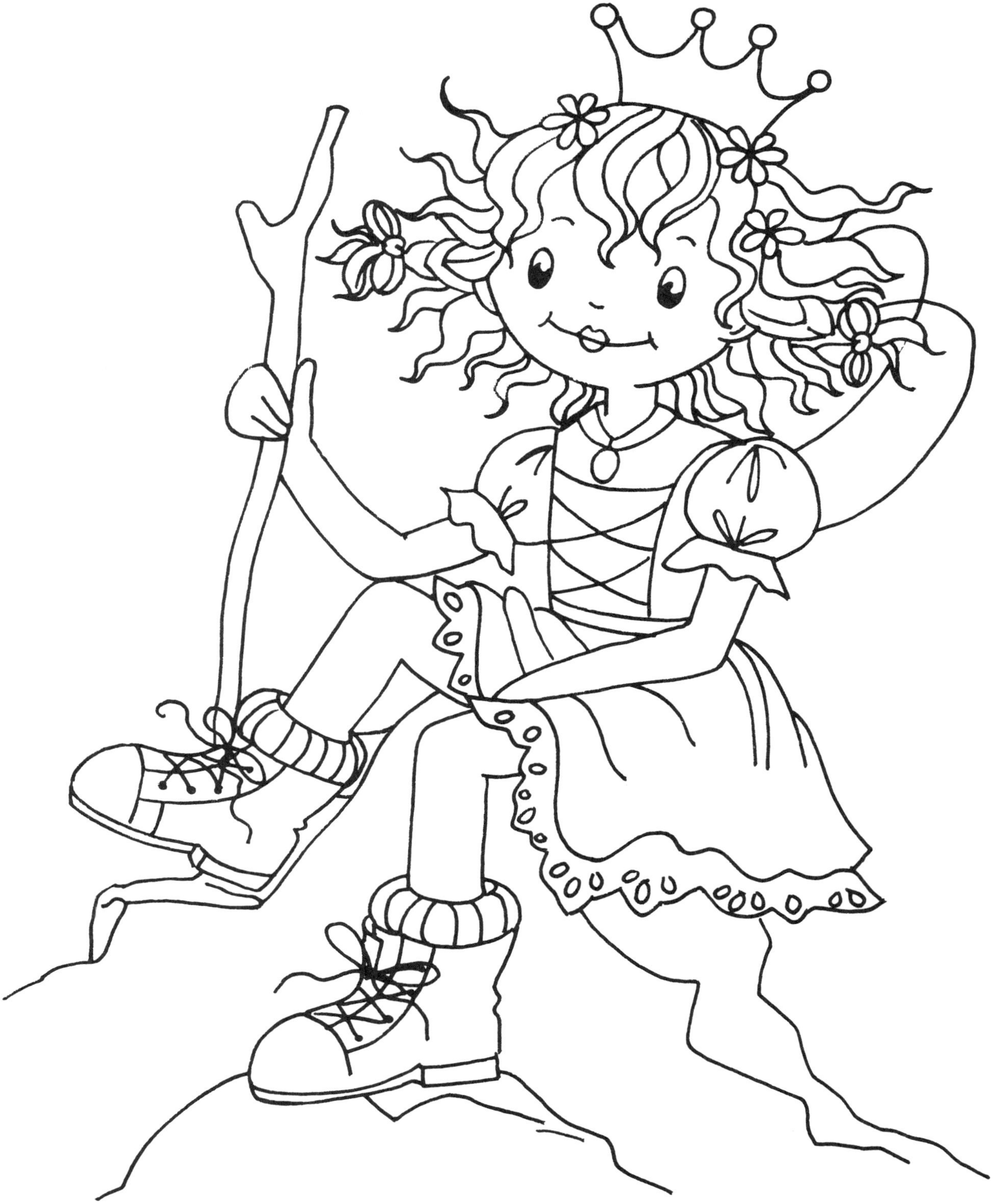

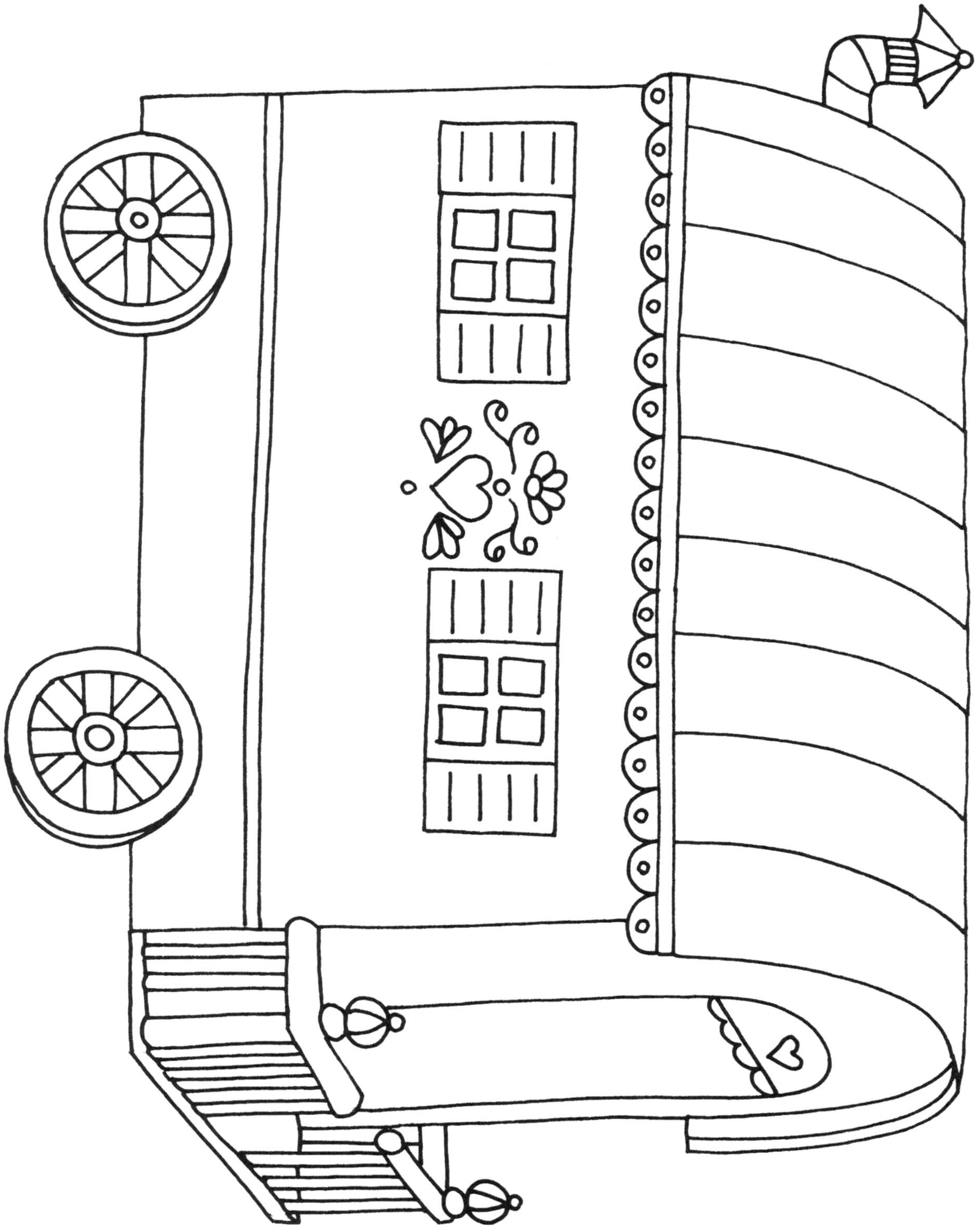

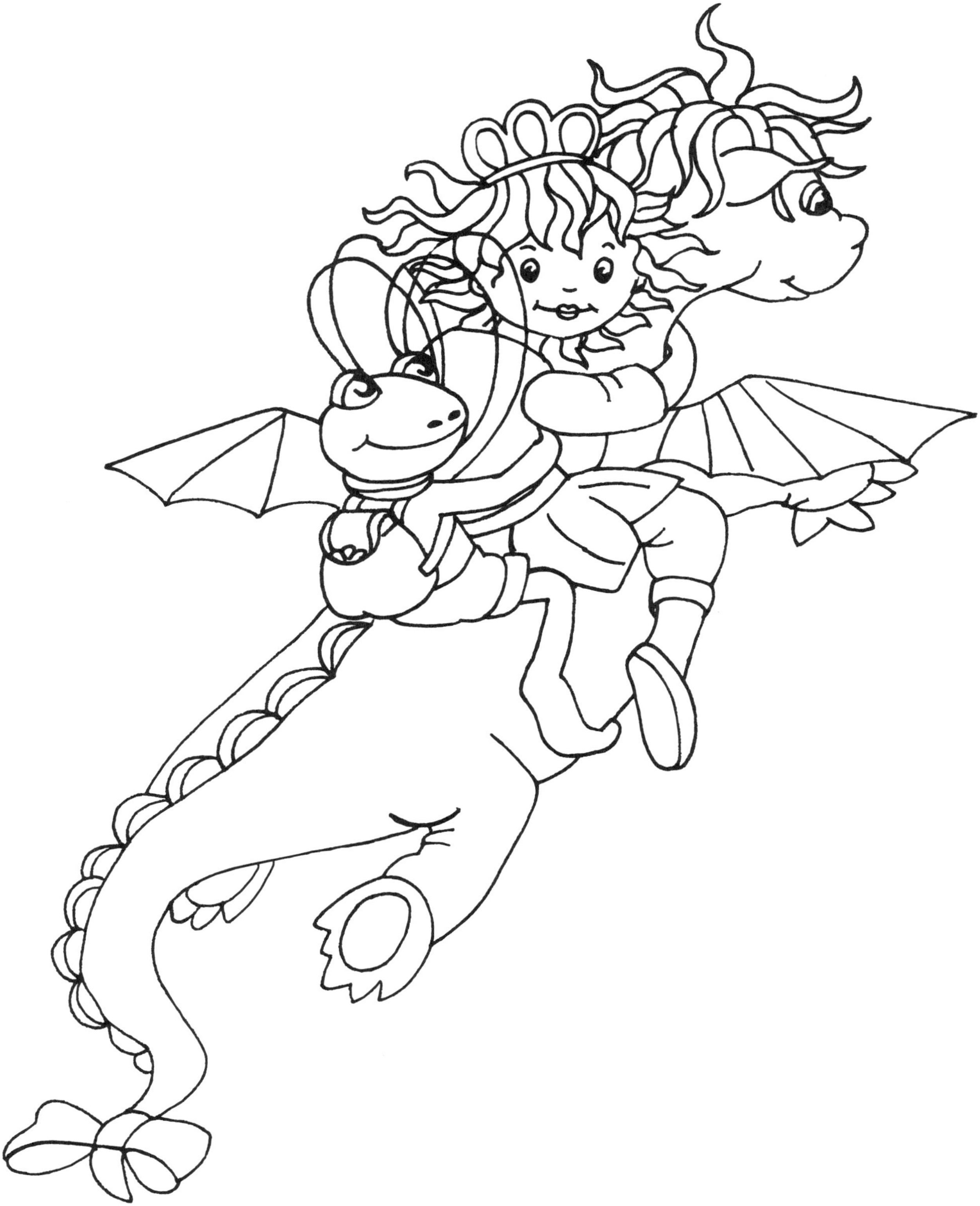

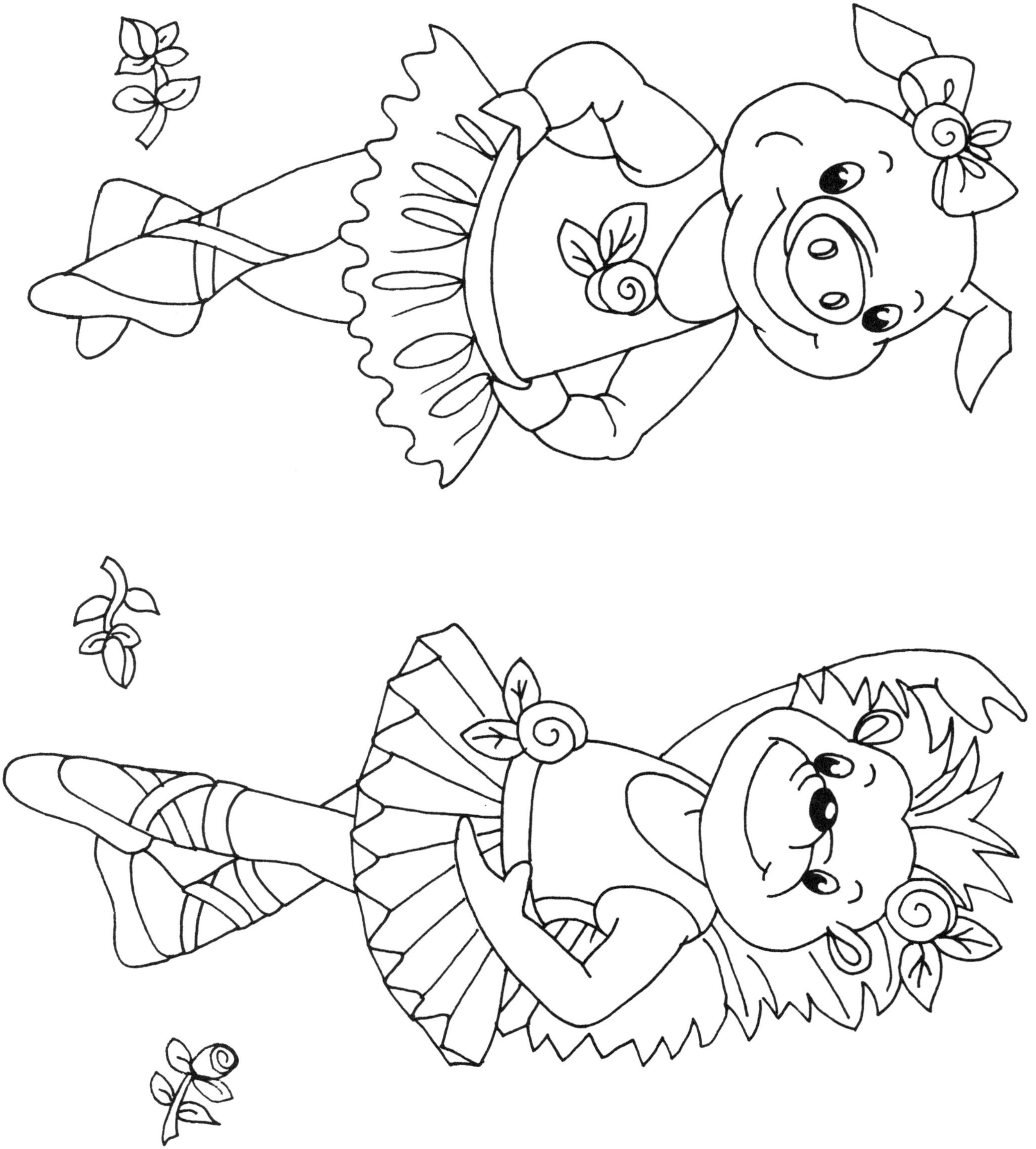

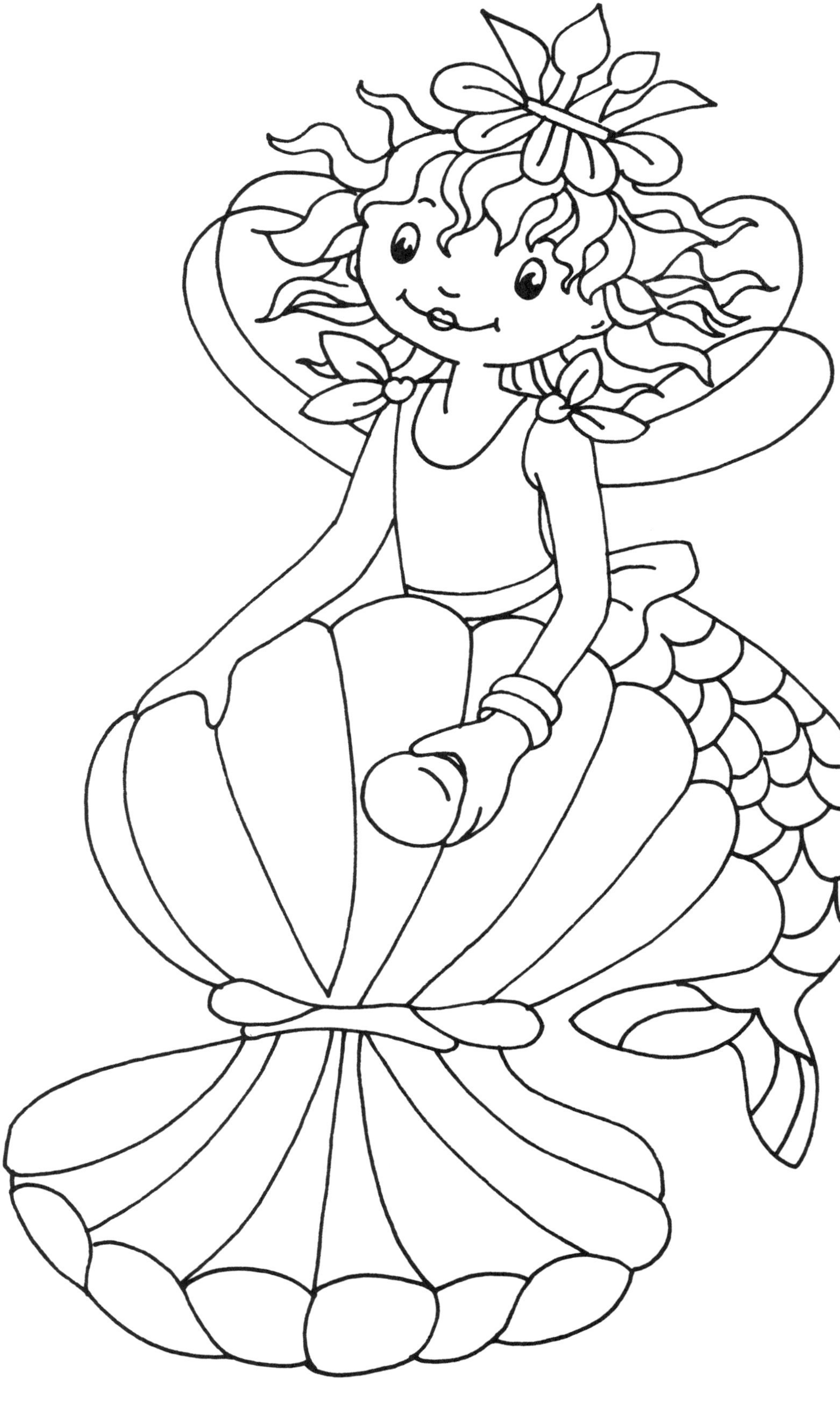

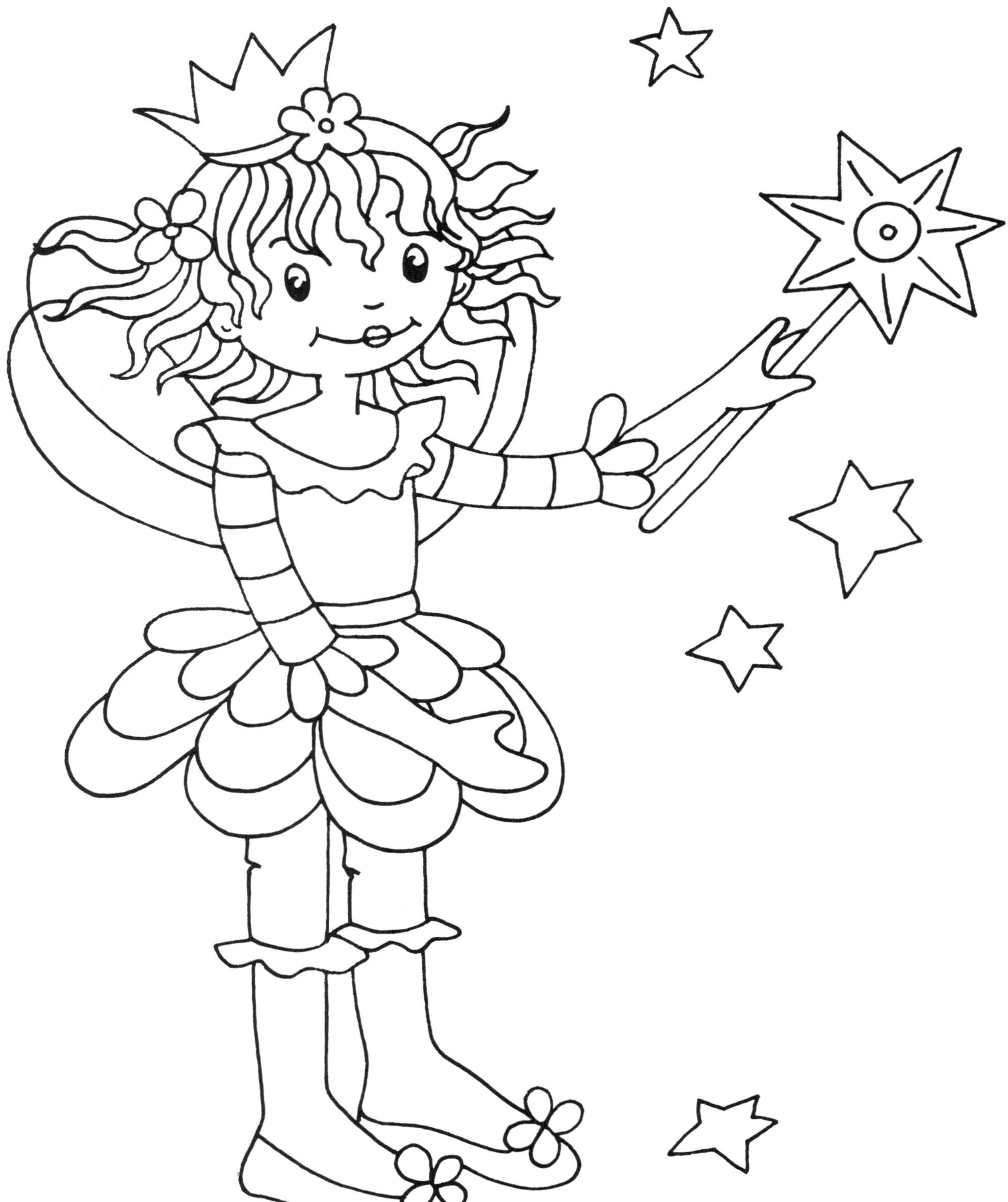

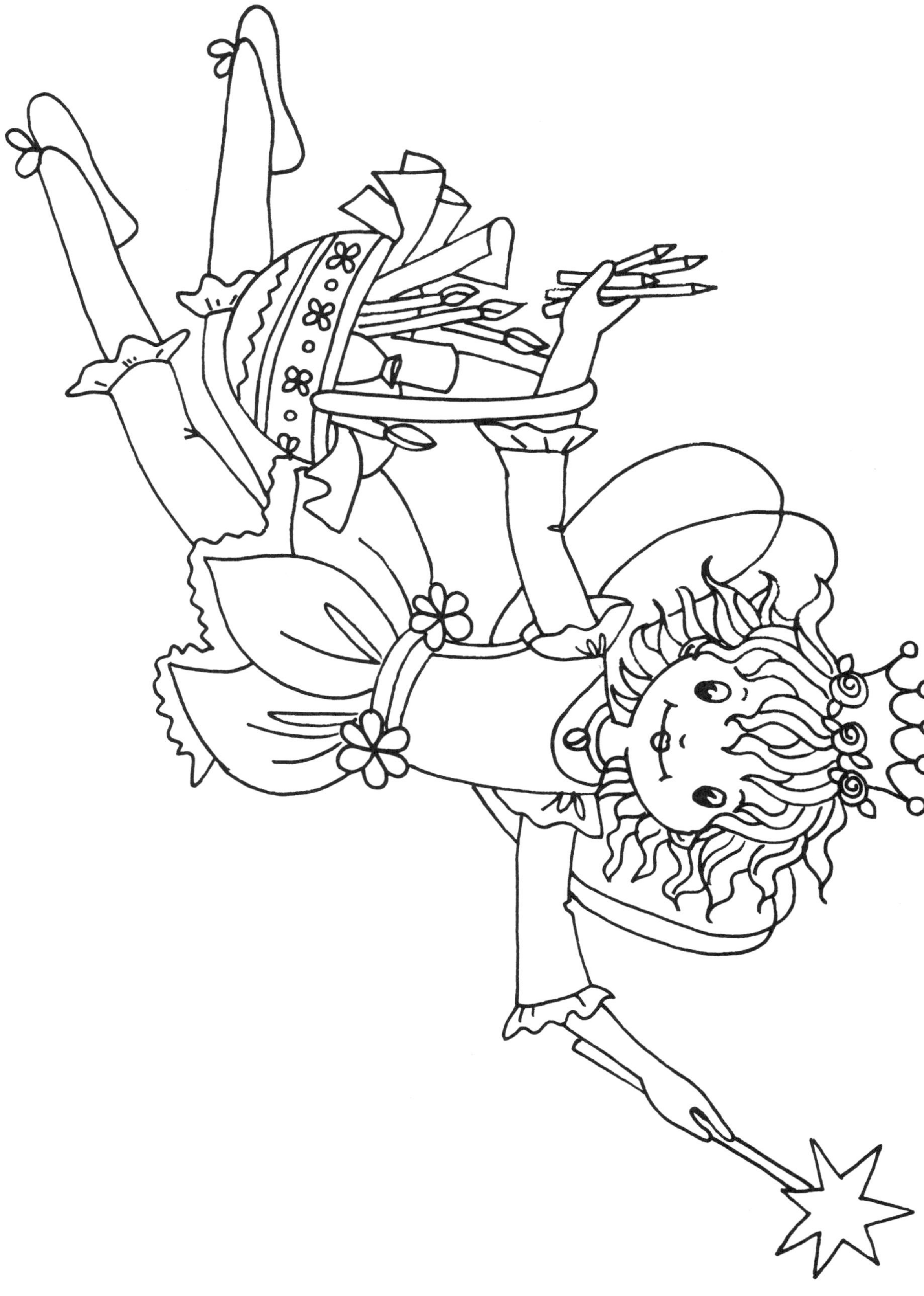

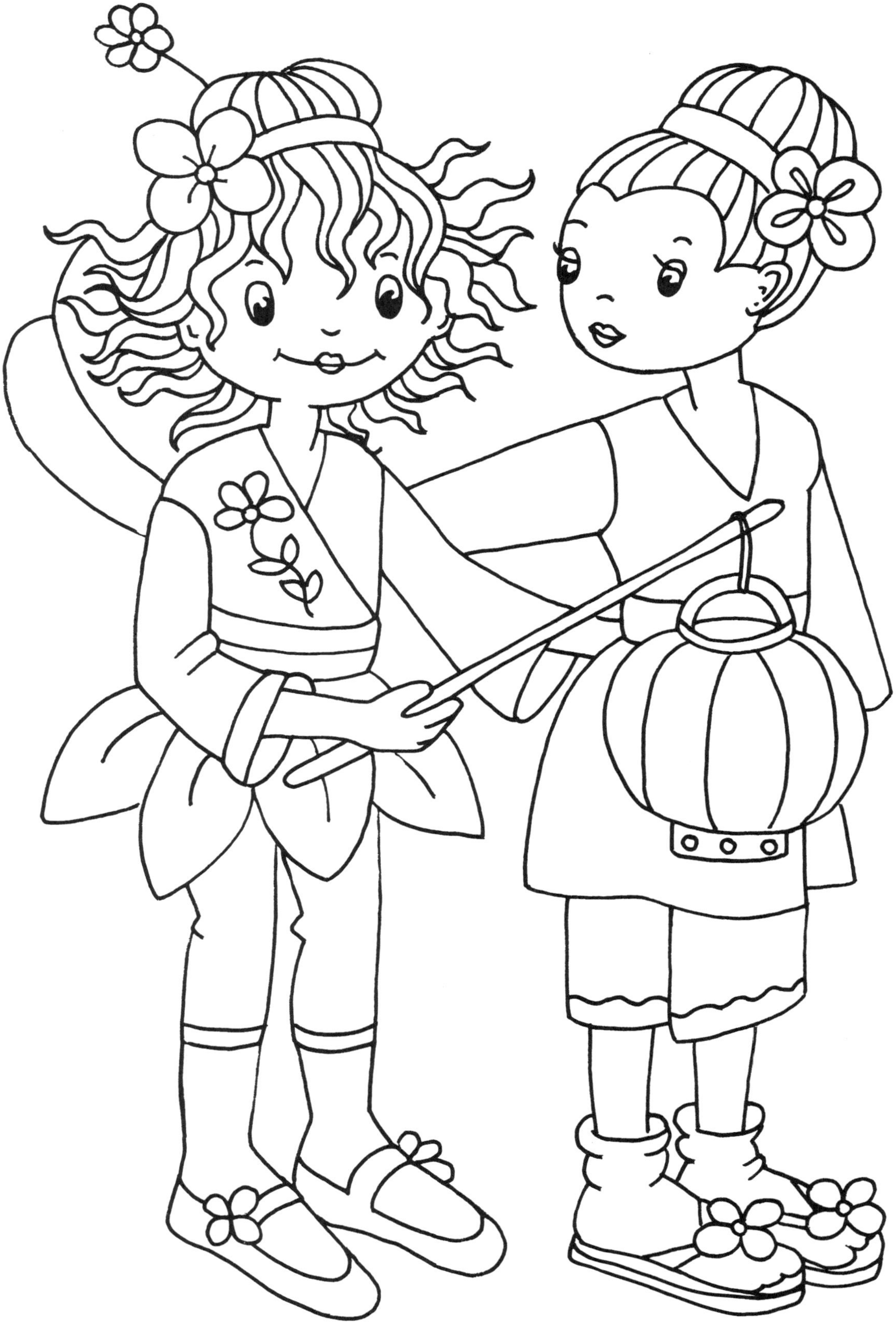

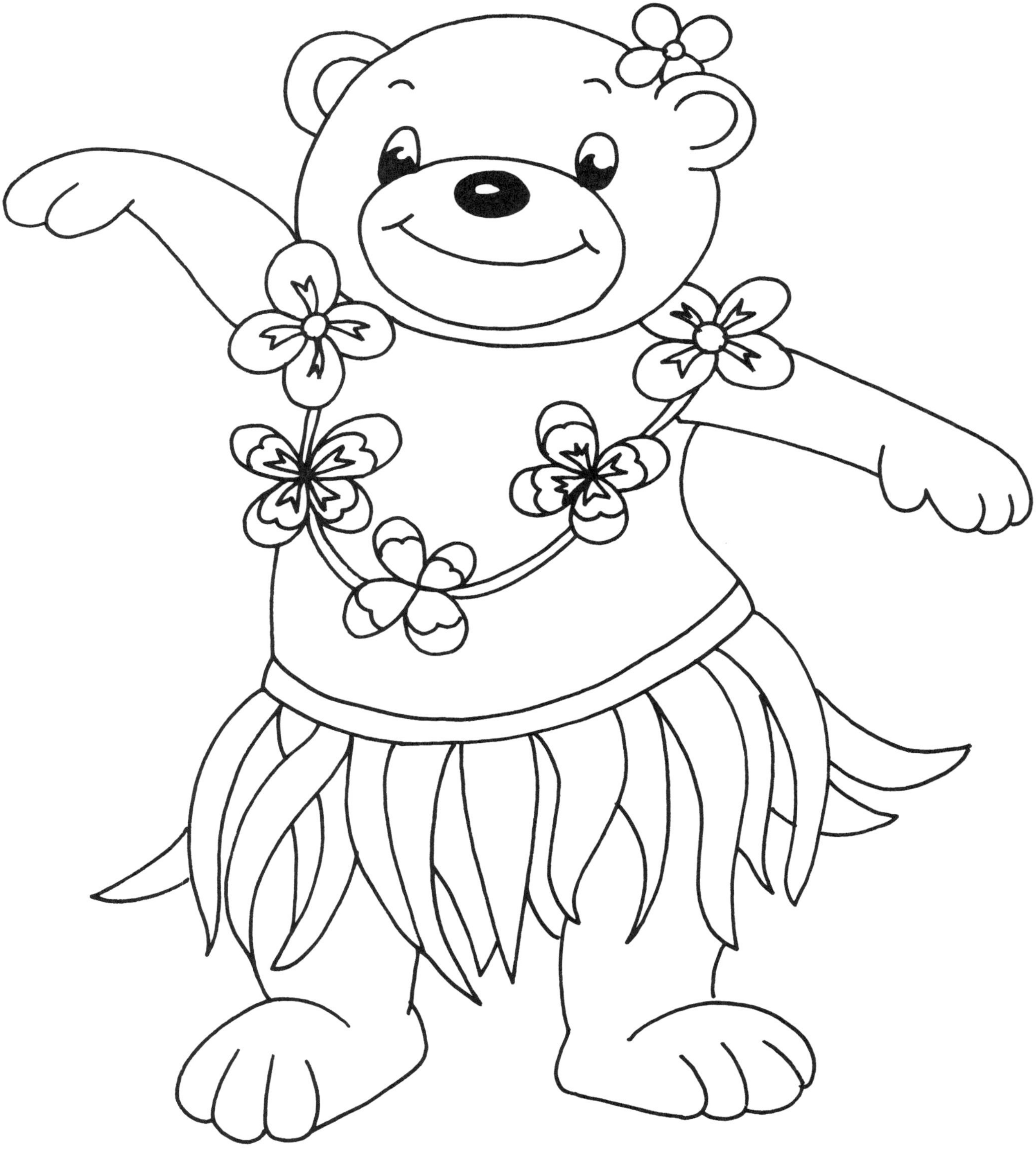

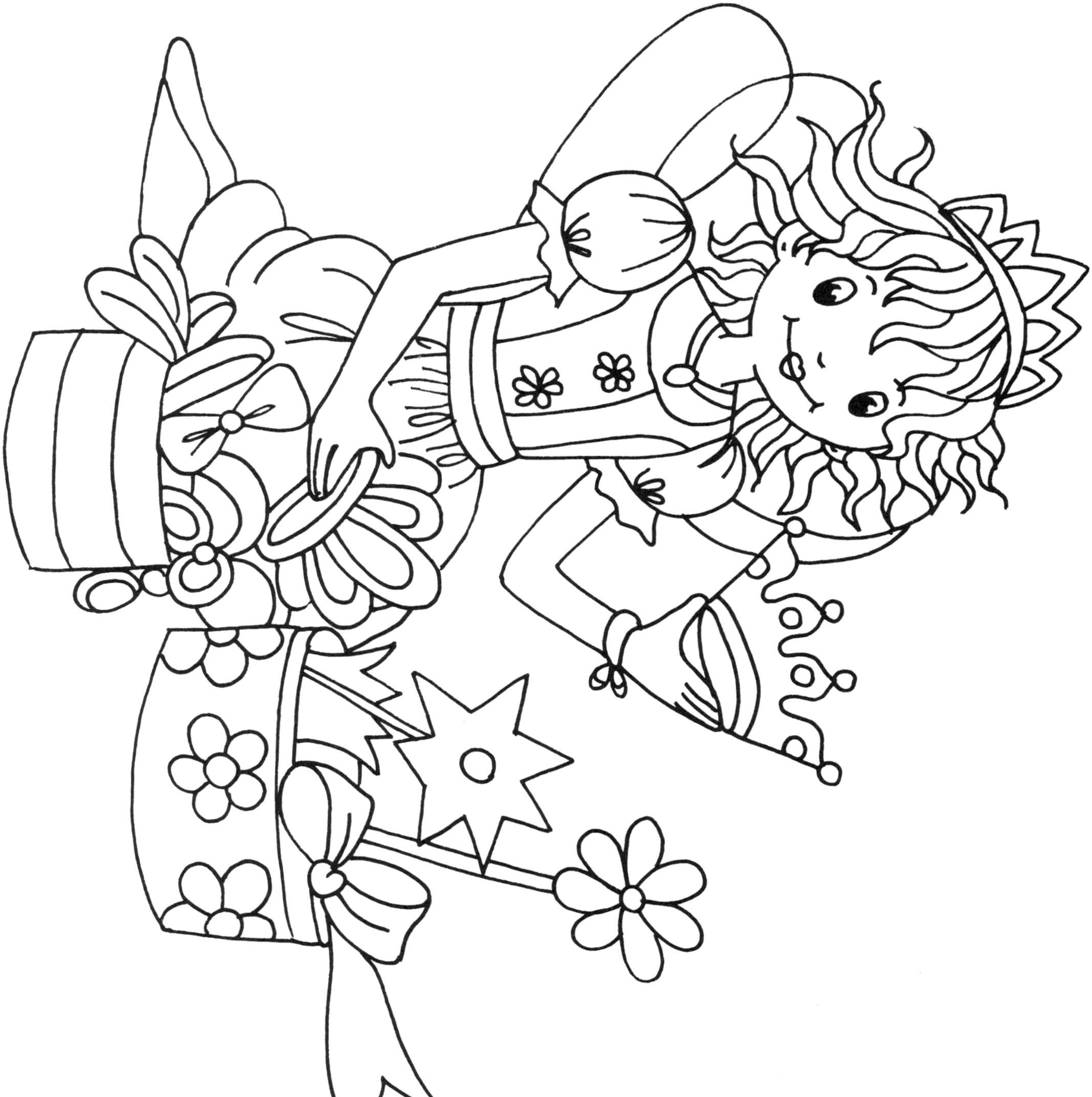

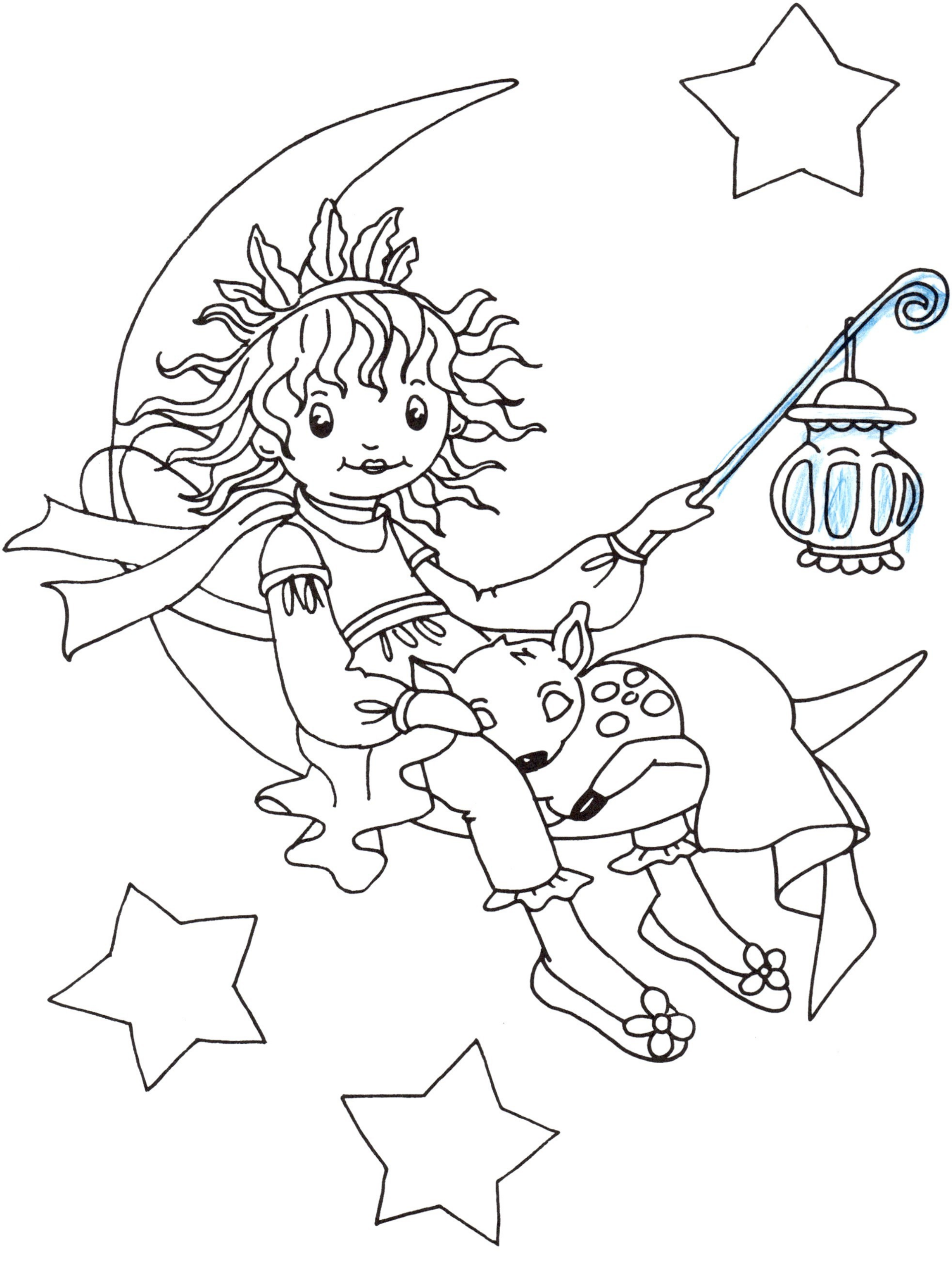